ジュニアレッスンシリーズ

読めば **メキメキ** うまくなる

野球入門

大石滋昭 著
- NPO法人デポルターレクラブ代表／日本プロ野球OBクラブ会員

はじめに

野球が大好きな君たちへ

　小学校1年生で野球をはじめた私は、高校時代にもたくさん練習しました。でも、甲子園には出られませんでした。そんな私が53歳のときに、出身高校のユニフォームを着て甲子園球場で試合をしました。マスターズ甲子園*の神奈川県チームの選手として、あこがれのグラウンドに立ちました。楽しかったです。その日の夜「この楽しさは、何かに似ているなぁ？」と思いました。何だったかな？しばらくして思い出しました。それは、小学校6年生のときに、学校から急いで帰って自転車に乗って、近所の公園にみんなで集まって、自分たちだけで夢中になって遊んだ、あの試合の楽しさでした。あれから40年以上も過ぎているのに…不思議でした。

　野球は、何歳になっても楽しく、またいろいろなことを教えてくれるスポーツです。今でも昔でも、野球で出会った同期・先輩・後輩は、私にとってかけがえのない存在です。そして、野球を通じて経験できたことが、今の自分の力になっています。

　そんな野球に、みんなも挑戦してみて下さい。
　この本は、小学生のみんなに向けて作りました。でも、載せている内容は、中学生や高校生になっても、役立つようにしています。

　さぁみんな、この本を読んでグラウンドにいって練習しよう！

大石滋昭

* かつて甲子園を目指した元高校球児たちが、出身高校のOBチームをつくり、県大会を戦って、秋に行われる甲子園球場での全国大会を再び目指す大会です

もくじ

はじめに……………………………………………………2

第1章 打つ

1	いろいろなバッター	10
2	打順について	12
3	試合について	14
4	ストライクゾーンについて	16
5	スイングのいろいろ	18
6	ボールを遠くへ飛ばすためには	20
7	タイミングとは？ ポイントとは？	22
8	試合で打てるバッターは	24
9	バットの持ち方	26
10	構え方	28
11	テークバック	30
12	①肩の動き	32
13	②腕の動き	34

3

もくじ

14 インパクトまでのバットの動き ⋯⋯ 36

15 コースごとのインパクトを知ろう ⋯⋯ 38

16 "振り遅れ" とは ⋯⋯ 40

17 "振り遅れ" にならないために ⋯⋯ 42

18 インパクト時の体勢は？ ⋯⋯ 44

19 インパクトの後の動き ⋯⋯ 46

20 高め・低めの打ち方 ⋯⋯ 48

21 家での練習方法（1） ⋯⋯ 50

22 家での練習方法（2）とバッセン ⋯⋯ 52

23 試合で実力を発揮するために ⋯⋯ 54

コラム 道具の選び方 ⋯⋯ 56

第2章 投げる

1 いろいろなピッチャー ⋯⋯ 58

2 いろいろな投げ方 ⋯⋯ 60

3 プレートの踏み方 ⋯⋯ 62

4	ボールの持ち方（1）直球	64
5	ボールの持ち方（2）変化球	66
6	足の上げ方	68
7	足のつき方	70
8	腕の上げ方	72
9	右ひじの高さ	74
10	グローブの動き	76
11	腕の振り	78
12	投球練習のやり方	80
13	打ちとるための攻め方	82
14	先発ピッチャーの心得	84
15	自主練　壁当てピッチング、シャドウピッチング	86
コラム	アンパイア	88

第3章　守る

1	ピッチャー①　けん制球	90

もくじ

2 ピッチャー② 知っておきたい「ボーク」 92

3 ピッチャー③ バント処理、クイック、カバーリング 94

4 キャッチャー① 構えとキャッチング 96

5 キャッチャー② スローイング 98

6 キャッチャー③ リードと声かけ 100

7 キャッチャー④ タッチ、フライ、ボディーストップ 102

8 ファースト① ベースに入る 104

9 ファースト② トス、中継プレー 106

10 セカンド＆ショート① 構えとスタート 108

11 セカンド＆ショート② ダブルプレー 110

12 セカンド＆ショート③ 中継プレー 112

13 セカンドゴロのさばき方 114

14 ショートゴロのさばき方 116

15 ショート＆セカンドけん制 118

16 サードゴロ（右・前・正面・左） 120

17 外野手① 構えとスタート 122

18 外野手② フライの捕球 124

6

19 外野手③ **バックホーム** —————— 126

20 外野手④ **レフトの守り方** —————— 128

21 外野手⑤ **センターの守り方** —————— 130

22 外野手⑥ **ライトの守り方** —————— 132

23 **中間のフライ** —————— 134

24 **試合の展開と守備位置について** —————— 136

25 **うまくなる心構え** —————— 138

26 **風・グラウンド・太陽など** —————— 140

27 **試合中の声かけ** —————— 142

コラム **守備位置とポジション名** —————— 144

第4章 **攻める**

1 **ランナーについて** —————— 146

2 **打ってから1塁まで** —————— 148

3 **リード、スチール** —————— 150

4 **スライディング** —————— 152

もくじ

5 走るか？ 走らないか？ ……… 154

6 走塁のだいご味 ……… 156

7 ランナーコーチャー ……… 158

8 バント、セーフティバント ……… 160

9 スクイズ、セーフティスクイズ ……… 162

10 ヒットエンドラン、ダブルスチール、バスター … 164

コラム ルール ……… 166

第5章 メッセージ

1 故障を防ぐ ……… 168

2 野球少年として大切なこと ……… 170

3 子どものときに大切なこと ……… 172

4 甲子園を目指して ……… 174

第1章

打つ

打つ① いろいろなバッター

みんなのチームには、いるかな？

バッター（打者）には、右バッター（右打ち）と左バッター（左打ち）とスイッチヒッター（両打ち）がいます。また、アベレージヒッターって知っているかな？

1 ピッチャーから見て…

左側に立つ"左バッター"

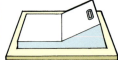
左と右を切り替える

両方打てる スイッチヒッター

右側に立つ"右バッター"

2 それぞれの特長は

右バッター（右打者）	だいたい3人に2人が右打者です。右利きの人が多いからです。打球はレフト〜センターによく飛びます
左バッター（左打者）	1塁ベースに早く走っていけるので、内野安打が多くなります。右投げで左打ちの選手もたくさんいます
スイッチヒッター（両打ち）	相手が右投手の時は左打席、左投手の時は右打席に入ります。電気のスイッチのように切り替えるのでこう呼ばれます

10

3 長打力のあるホームランバッター

遠くへ飛ばす力(長打力)がありホームランをたくさん打つバッターをホームランバッターといいます。一本足打法で世界のホームラン王になった王貞治選手や、メジャーリーグでも活躍した松井秀喜選手などが代表です

4 ヒットをたくさん打つアベレージヒッター

どんなタイプの投手からでも同じようにヒットが打てる、打率の高いバッターのことをいいます。イチロー選手のように、ホームランよりもたくさんのヒットを打つバッターのことで"好打者"ともいいます

ものしり
打率とは
ヒットの数を打数で割った数字。3割を超えると「一流選手」といわれています。

ポイント
スイッチヒッターに挑戦しよう！
右打者でプロになってから左打ちにして成功した選手もいるよ。みんなも両打ちにチャレンジしてみよう!!

打つ ② 誰が何番目に打てば良いのか？ 打順について

1番バッターから9番バッターまでの打つ順番を「打順」といいます。監督さんが打順を決めるときには、それぞれの選手の特長を考えて決めていきます。プロ野球を見に行くとセンター後方にあるスコアボードに打順が出ています

1 スコアボードの見方

上のチームが先攻（先に打つ）、下のチームが後攻

Bはボール、Sはストライク、Oはアウト。数にランプがつきます

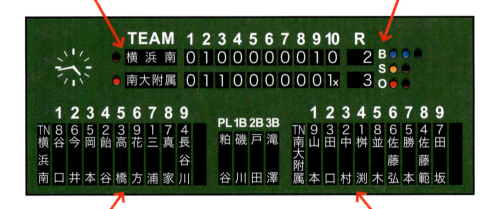

3塁側ベンチに入るチームの打順・ポジション（守備位置）・選手名が出ます

1塁側のチームです。チーム名にランプがついていると攻撃中（打っている）を表します

2 打順の特長

1番バッター
足が速く、よく打てる選手が入ります。塁に出て盗塁などで相手をかき回します

2番バッター
バントやエンドランなど小技がうまい好打者が2番に入ります。走力も必要です

3番バッター
どんな相手投手でも打ちくずせる打力をもった選手が起用されます

4番バッター
チームの中心となる打者です。チャンスに強く、ランナーを返す力がある打者です

5番バッター
3番・4番に続いてチームで信頼される打者です。クリーンアップの一角です

6番バッター
まだ0点の初回に、2アウト満塁の場面で回ってきます。試合の勝敗を左右します

7・8・9番バッター
6番までに比べると打力が落ちる選手となります。ピッチャーは9番に入る場合が多いです

ものしり
ジグザグ打線
左・右・左・右〜などの様に、左打者と右打者と交互に並べている打線（並べ方）をいいます。

ポイント
代打やDHとは
代打とは、別の選手が打席に立つこと。DHとは、designated hitter(ディジグネイテッド ヒッター)の略で、指名打者のこと

打つ ③ 勝ったのは、どっちかな？
試合について

アメリカで始まった野球が日本に伝わってきて約150年。日本でプロ野球や高校野球が始まって約100年。その間に、たくさんの試合が行われてきました

1 勝ったのはどっちかな？

野球は、相手よりも点をたくさんとったチームが勝つ競技です。9回を終わって同点の場合は、延長戦に入ります

2 先攻・後攻・攻守交代

先攻とは先に打つチームです。後攻とは先に守り、後から打つチームです。スリーアウトになって守備と攻撃が入れ替わることを"攻守交代"といいます

3 ゲームセット

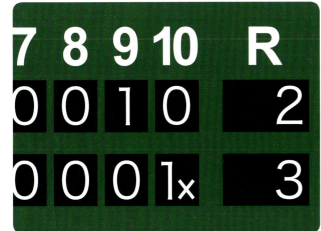

試合が終わることを「ゲームセット」といいます。左の試合は10回裏に1点が入って3対2で後攻のチームが勝ちました（途中で勝利チームが決まる"サヨナラゲーム"となりました）

4 試合の長さ（イニング）

ひとつの試合の長さ（何回までやるか？）は、年代ごとに分かれています。回数のことをイニングといい、一般的に9回ですが、少年野球やソフトボールの多くは7回となります。小学校低学年の試合は、5回の場合が多くなります

ものしり
アンパイア
審判をする人のことをいいます。ホームベースに立つ審判を「チーフアンパイア」と呼びます

ポイント
再試合とは
延長15回を終わっても同点の場合、そこでいったん試合を止めて、翌日に改めて試合を行うことを"再試合"といいます（高校野球の場合）

打つ ④ ルールを知ろう
ストライクゾーンについて

投げたボールがストライクとなる範囲のことをストライクゾーンといいます。プロ野球も少年野球もルールは同じですが、正確に知っている人は意外と少ないものです。覚えよう！

1 左・右の幅

ホームベースの左端と右端の間をボールが通り（ボールのはじっこが、かすっただけでも）、高さが入っていればストライクになります。プロ野球の審判でも個人差があり、小学生や中学生の試合では、バッターボックスの線上を通った球でもストライクとコールされることがあります。バッテリーや打者は試合が始まってからなるべく早い回に、その日の審判の様子（例：今日はストライクゾーンが広い）を、つかむことも大切です

2 高い・低い

高めはユニフォームの肩の付け根とベルトの線との中間ライン（Ⓐのライン）、低めは膝頭の下部のライン（Ⓑのライン）。すこしわかりにくいので、高めは「おへそとおっぱいの真ん中あたり」、低めは「膝っこぞう」と覚えるといいでしょう。この高さは、バッターが普通に構えたときの高さなので、背中を丸めて小さく構えても変わりません

ものしり
実際の試合では・・・
高めの上限ラインはⒶではなく ▪▪▪▪▪ で表すⒸラインあたりだと感じています

ポイント
ルールとは
ルールとは、「決まり」「規則」「守るべきこと」などをいいます。試合では、ルールを守って、正々堂々とプレーしましょう‼

打つ ⑤ 何がいいのだろう？ スイングのいろいろ

打つことをバッティングといい、振ることをスイングといいます。スイングには振り方によって3つの呼び方があり、それぞれの振り方の違いによって飛び方も変わってきます

1 目指したいレベルスイング

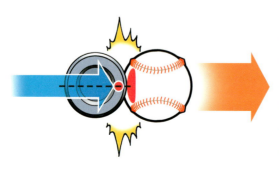

バットを平らに振るスイングをレベルスイングといいます。レベルスイングだとボールとバットが当たる場所（時間）が多くなるので、いい当たりをすることが増えます。みんなもレベルスイングを目指しましょう！

2 昔ながらのダウンスイング

上から下に振るスイングをダウンスイングといいます。ボールに逆回転がかかりすぎて、内野フライになってしまう場合があります

3 メジャー流のアッパースイング

下から上に振るスイングをアッパースイングといいます。大きな打球が打てる魅力があります。高めを打つとゴロになりやすいです

ものしり
ストライク?ハーフスイング
途中で止めるハーフスイング。振ったかどうかは審判が決めます

ポイント
頭の位置が大切
振るときに、頭が後ろに残るとアッパースイング、前に出るとダウンスイング、真ん中にあるとレベルスイングになりやすいよ！

打つ ⑥ カ〜ンとホームラン!! ボールを遠くへ飛ばすためには

遠くへ遠くへ飛んでいくホームランは、誰もが打ってみたいあこがれです。ではどうしたらボールが遠くへ飛ぶのでしょうか？　まずはそのしくみを知っておきましょう

1 バットの芯で打つ

◯ Good

バットの芯とは当たるといちばん飛ぶところで、ふつうはバットの先から15cmくらいのところとなります。芯に当たると手に伝わる振動が少ないので、スコーンと飛んでいきます

✕ 悪い例 先っぽ

先っぽで打つと手にひびいて痛いです。とくに冬だと…

✕ 悪い例 つまり

つまっても痛いです。親指の付け根がはれてきます

2 ボールの真ん中を打つ

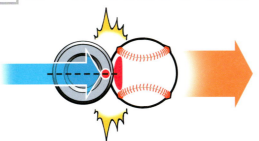

ボールの真ん中を打つと鋭いライナーになります。真ん中よりもほんの少しだけ下を打つとボールがバックスピン（逆回転）がかかり打球が上がって外野手の頭を越えていきます

❌ 悪い例 / ⭕ Good
ボールの下

ボールの下を打ちすぎるとバックスピン（逆回転）がたくさんかかり、凡フライになります（悪い例）。少しだけ下だと、ホームランのような大きな当たりになります（良い例）

❌ 悪い例
ボールの上

ボールの上を打ちすぎると、オーバースピン（順回転）がかかり、バーンバーンと高く跳ねるゴロになります

ものしり
ボールがつぶれる？

軟球は柔らかいので当たった瞬間につぶれます。写真は鋭いライナー

ポイント
プロのホームラン

高く舞い上がるホームラン。飛んでいくボールには、1秒間に約67回のバックスピンがかかっています

打つ ⑦ 知っておきたい2つの言葉
タイミングとは？ポイントとは？

「タイミングが合ってないぞ！」「ポイントを前にしろ！」この2つの言葉はバッティングのときによく使われます。それだけ大切なこの2つの言葉をしっかりと理解しましょう

1 タイミングとは？

「時間」と考えていいでしょう。打つときに"タイミングが早い"とか"遅い"といったアドバイスをよく聞きます。ピッチャーの投げる球がホームベースの近くを通る時間と、バットを振る時間が合っていないといいバッティングはできません。"タイミングを合わせる＝時間を合わせる"これはとっても大切です

遅いときは
バッターボックスの前に立ち、遅い球に備えます。遅い分だけボールが落ちるので、ボールをよく引きつけて、高めを狙っていきます

普通のときは
真ん中またはやや後ろに立って打ちやすい球を狙います。相手ピッチャーのいちばん速い球にタイミングを合わせておくのが一般的です

速いときは
いちばん後ろに立ってタイミングを合わせやすくします。自分が動き出す（テークバックをはじめる）タイミングを早くするといいでしょう

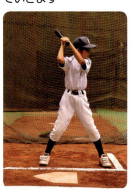
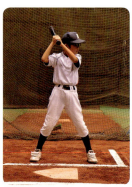
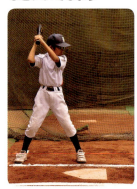

2 ポイントとは？

「点」のことです。バッティングでのポイントとは、バットとボールが当たる地点＝場所のことをいいます。"ポイントが前"とは投手寄り、"ポイントが後ろ"とは捕手寄りということです

インコース
おへそに近いインコースの球は、ポイントを前にして打ちます

真ん中
インコースよりもポイントは後ろになります。打球はセンター方向へ

アウトコース
ポイントは後ろになります。"軸足寄り"などということもあります

ものしり
引きつけるとは
投げられたボールが、おへそのそばまでくるのを待っていることです。遅い球や変化球を打つ時に必要です

ポイント
引きつけて打つと
低めのボール球を空振りしたり、引っかけゴロの凡打が少なくなり、センターから逆方向へのいい打球が増えます

打つ ⑧ ここで打ってくれ！の期待に応える
試合で打てるバッターは

相手のピッチャーは、なんとか打ちとろうとして投げ込んできます。試合で打てるバッターは、その投げてくる球の中から、"失投"といわれる「打ちやすい球」を逃すことなく打っています

1 打ちやすいボールを打つべし！

「打ちやすいボール」とは、どんなボールでしょうか？　一般的に、ベルトの高さくらいで、コースは真ん中からややインコース寄りのボールをいいます。低めのボールや、外角のボールに比べると、打点（当たるところ）が目に近いのでとらえやすい（ボールの真ん中をバットの芯で打ちやすい）ことや、腕が伸び切った状態で打つ低めや外角と違って、身体の力がバットのヘッド（芯の部分）に伝わりやすいので、打球が遠くに飛ぶからです。試合で打てるバッターは、そのボールを見逃したり、ファールにすることなく、打っていけるバッターです

2 打ちにくいボールはダメ!!

それに対して、あんまり打てないバッターは、なんでもかんでも打ちにいって、難しい球(低目の球や、タイミングが合っていない球)に手を出してしまい、凡打を繰り返します。バットの振りが遅いと"打つか?打たないか?"を早く決めないといけないので、ボールを引きつけられずに打つからです。素振りを重ねて、振りの鋭いバッターになって、ボールを引きつけて"打ちやすいボール"だけを打っていけるようになりましょう!

ものしり
好球必打
「こうきゅうひつだ」と読みます。
"好きな球なら必ず打てる!"…
「必ず打てる!」という自信をもって打席に立ちましょう

ポイント
2ストライクからは
バットを短く持ち、ポイントを後ろにしてボール球を振らないようにしながら、ストライクっぽい球はすべて振っていきます

打つ ⑨ バットの持ち方
形と力かげんの両方が大事

うまく強く打つためには、正しいバットの持ち方（グリップ）をすることが大切です。また、正しい持ち方とともに、ちょうどいい力の入れ方（力かげん）も覚えましょう

1 指のとんがり

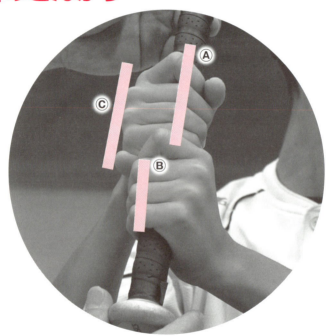

指のとんがりとは、指先から2つ目の関節でできる線（ⒶとⒷ）のことです。この線が、チェックポイントとなります。上の手（右手）のとんがり線Ⓐが、下の手（左手）のとんがり線Ⓑと、ゲンコツ（指の付け根）の骨でできる線Ⓒの間に入っていれば、いいでしょう。わかりやすくするために、ⒶとⒷをまっすぐにと説明することもあります

2 ギューッと持つのは×

これはダメ

飛ばないドアースイング

持つ形がよくても、振り出すときにバットを強く持ちすぎてしまうと、手首が固くなり腕とバットが作り出す角度が開いてしまい、振るスピードが出ずに飛ばなくなってしまいます。この振り方を、ドアースイングといいます

3 短く持つときは

ピッチャーの球がはやいときや、バットが重たく感じるときは、バットを短く持って打ちましょう。いつもはめいっぱい長く持っている子が、急に短く持つと振りにくい場合があるので、練習のときから短く持って打つ練習もやっておきましょう

右手→左手の順に持ちます。持つことを「グリップする」といいます

左手を持ったら、右手をその上の位置で握ります。長さの目安ができます

ものしり
グリップエンド

バットのいちばん下のふくらんでいるところ。いくつかの種類があります

ポイント
いろいろな持ち方

プロの選手は、人差し指を伸ばしぎみにして持ったり、小指をグリップエンドにかけて持つなどいろいろです

打つ ⑩ 構え方
良い構えが良いバッティングを生みだす

プロにはいろいろな構えの選手がいるけれど、小・中学生のうちはここで説明する基本の構えで打ち、そこから自分なりの構えを見つけていくのがいいと思うよ

1 スタンス幅

構えたとき

だいたい肩幅くらいでスタンス（足場）をとります。前へならえをしてみます

→

前へならえの指先を地面に向けて、その先に左足と右足を置きます

振りおわったとき

構えたときよりも広くなります。振ったらストップしてみます

→

バットを地面に置いてみて、だいたい同じくらいの幅ならばOKです

28

2 大事な折り目と背筋

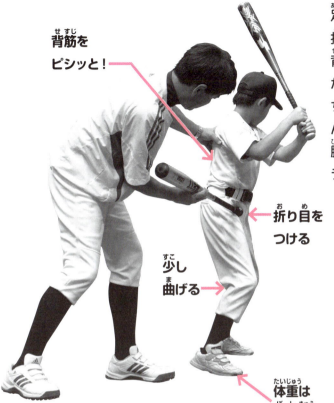

背筋を
ピシッと！

折り目を
つける

少し
曲げる

体重は
拇指球に

足の付け根（股関節）に折り目ができるように、背筋をピシッと伸ばしながら、少しだけ"こんにちは"をします。前につんのめるのを防ぐために、膝を少し曲げて前後のバランスをとります

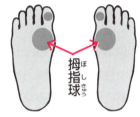

拇指球

体重は、親指の腹と拇指球にかけます。踵やつま先にかけすぎるとグラグラします。どっしりと構えて、テークバックに備えましょう

ものしり
オープンスタンス

左足を背中側に引いて構えるオープンスタンス。投球が見やすいけれど、足の踏みこみがきゅうくつになります

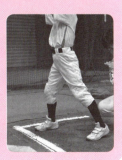

ポイント
足はまっすぐ

小・中学生のうちはこれが基本と考えよう

打つ ⑪ スイングのはじまり
テークバック

バッターは、いきなり振り出すのではなく、ピッチャーに合わせて"引く動き"を行います。それをテークバックといいます。タイミングよくテークバックをすることが大切です

1 いろいろなテークバック

一本足

前の足を高く上げて片足だけで立つことから「一本足打法」と呼ばれています。世界のホームラン王の王貞治さんは、この一本足打法でたくさんのホームランを打ちました。身体をダイナミックに使える打ち方です

すり足

一本足とは反対に、前足を上げないで、つま先を地面に引きずりながら後ろ足に寄せてくる打ち方です。目の高さが変わらない（頭が上下に動きずらい）ので、ボールがよく見えて、ヒットが打ちやすい振り方です

ノーステップ

あらかじめ足幅をひろげておき、前足の位置を変えることなく、体重を移動させて打ちます。身体の左右や上下へのブレが少ない分、ボールをしっかり捉えられますが、遠くへ飛ばすためには、かなりの力が必要になります

2 テークバックのタイミングのとり方

ピッチャーが動き出したら

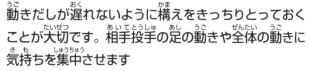

動きだしが遅れないように構えをきっちりとっておくことが大切です。相手投手の足の動きや全体の動きに気持ちを集中させます

自分も動き出して

自分の感覚でテークバックをはじめます。どのタイミングで動き出すといいのかは、打席に入る前のネクストサークルではかっておきます

ドンピシャで"カーン"

投げてきた球をしっかりととらえたとき、ボールは"カ〜ン"と快音をのこして、すごいスピードで飛んでいきます。手にはなんともいえない打感が残ります

ものしり

バスター

バントの構えからバットを引くバスター打法のほうが、テークバックのタイミングが合い、よく打てる場合があります

ポイント
- 相手をよく見る
- ネクストで合わせる

テークバックのタイミングを合わせるために、バッターボックスに立っている気持ちで準備しましょう

打つ ⑫ トップスイングからダウンスイングへ
①肩の動き

テークバックの終わりをトップスイングといいます。トップスイングで折返し、そこから打ちにいく＝振りだしていく（下げていく）動きがダウンスイングです

1 「さぁ 打つぞ!!」の体勢が大事

ダウンスイングに入る（左足を踏み込む）瞬間は、とても大切です。この体勢の良し悪しは、打てるか打てないかに大きく関係します。「さぁ、打つぞ！」となるこの時に、頭の位置や身体の向きが間違っていると、いい当たりは出にくいものです

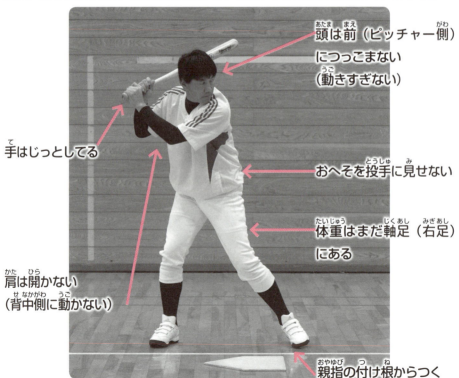

- 頭は前（ピッチャー側）につっこまない（動きすぎない）
- 手はじっとしてる
- おへそを投手に見せない
- 体重はまだ軸足（右足）にある
- 肩は開かない（背中側に動かない）
- 親指の付け根からつく

2 ダウンスイングの肩

「さぁ、打つぞ！」の体勢で、左肩がほっぺたのそばにあるのがGoodです。左肩が開いて（背中側に動いて）しまうと、打つ動作が早く始まってしまい、手首の親指側の関節が伸びてしまうため、力強い打球が打てません

肩が開いていないと…

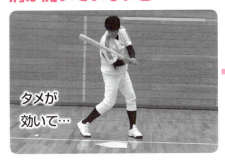

タメが効いて…

Good!!（良い）

ビュン！

肩が開いてしまうと…

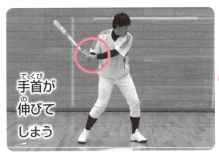

手首が伸びてしまう

No Good!!（ダメッ！）

"振り遅れる"

おへそが投手から見える

ものしり
"泳ぐ"とは？
頭の位置が大きく投手方向に動いてしまい、くずれた体勢になることを"泳ぐ"といいます

ポイント
引きつける勇気を
ボールを引きつけられれば、肩が開くことが少なくなり、しっかり打てます。ボール球は見送れるようになります

打つ ⑬ トップスイングからダウンスイングへ
②腕の動き

「さぁ、打つぞ！」の体勢でボールを見て「打つ！」と決めたらダウンスイングに入ります。そのとき、腕が上半身から離れず、グリップが身体のそばを通ることがとても大切です

1 腕の良い動き・良くない動きとは…

◯ 良い動きとは、振りだす時にグリップの位置が右肩の前から外れないで、なおかつ身体の近くを通りながら動いている状態です（かなり難しいね…）。簡単に言うと、「手が身体のそばを動いている」そんな感じだよ

✕ 反対に良くないのは、振りだしたときにグリップだけを残しすぎて身体の前から外れてしまう動きです。キャッチャー側にグリップを突き出す（左腕を伸ばす）ように打っている人に、この動きが多く見られます

2 トップでグリップが"外れる"のはNG

OK ＜間に合う＞　　　NG ＜振りおくれる＞

 右肩の前にグリップがあります。この位置にあれば、インパクトのとき、身体の力が腕を通じてバットに伝わります

 グリップが身体から離れて、右肩の前から外れています。腕がこの位置にあると、力がバットに伝わりません

 右肩の前にあるグリップを柔らかく持ったまま速く動かすと、バットと手首に角度がつき飛ばす力になります

 バットを持つ腕の動きが遅れてしまい"振りおくれ"になります。手首も伸びてしまい、飛ばす力が出ません

ものしり
インパクトでの右ひじは？

少しだけ曲がっています。伸びきってしまうと「ボールを押す力」が伝わりません

ポイント
グリップはゆるゆるに…

ギューッと固く持つと、バットのヘッド（先っぽ）を速く動かせません。半分くらいの握力でゆるく持つといいでしょう

35

打つ 14 こうやって動けば打てる！インパクトまでのバットの動き

ボールとバットが当たる瞬間のことを"インパクト"といいます。振りだしてから振り終わるまでのバットの動きを見てみましょう。遠くへ飛ばせる打ち方です。マネしましょう

1 バットの動きをピッチャー側から見てみよう

①ダウンスイングを開始　②ボールをよく見て！　③インパクトの直前

④インパクト　⑤フォロースルー　⑥カキーン！！

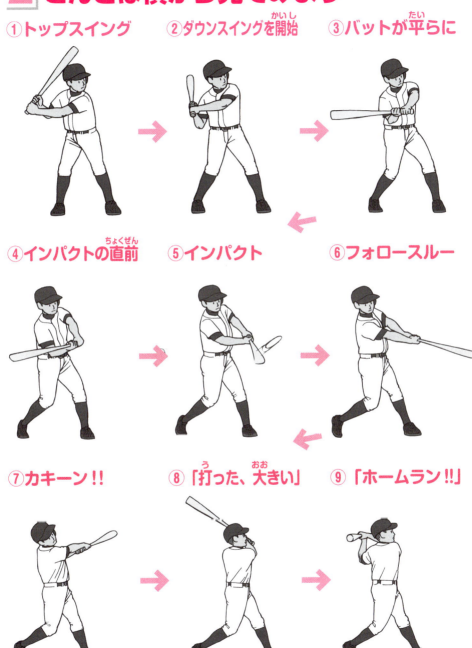

打つ 15 ここのボールはここで打て！
コースごとのインパクトを知ろう

おへそから近いところを内角（インコース）、おへそから遠いところを外角（アウトコース）といいます。アウトローは外角の低め、インハイは内角高め。真ん中は真ん中です

1 インコース

インコースの球を打つには、真ん中に比べてポイント（当たるところ）を、前＝投手寄りにします。ポイントが後ろすぎると、バットの根元＝手に近いところにあたってしまい、つまります。つまった打球は飛びませんが、インコースの球をしっかり前でとらえると、身体の力がバットに伝わりやすいので、打球は遠くに飛んでいきます。それは、腕が身体から離れないでインパクトできるからです

2 アウトコース

アウトコースの球を、しっかりと芯で捉えるためには、良いスイングが必要です。ポイントは、軸足（右足）寄りになり、打球は逆方向（右側）に飛んでいきます

3 真ん中

真ん中の球をはじき返すと、打球はピッチャー方向（＝センター方向）に飛んでいきます。これを「ピッチャー返し」または「センター返し」といいます

ものしり
よく飛ぶのは…

インハイ（内角の高め）です。逃さず打ちましょう！

ポイント
バッティングセンターでは

インコースが打ちたいときはホームベースに近く立ち、アウトコースが打ちたい時は離れて立ちましょう！

打つ ⑯ これでは打てない "振り遅れ"とは

文字どおり、振りが遅れてしまうのが"振り遅れ"です。振り遅れてしまうと、弱々しい打球となり、飛びません。バッターとしては、振り遅れによる凡打は嫌なものです

1 振り遅れとは……

内角の場合

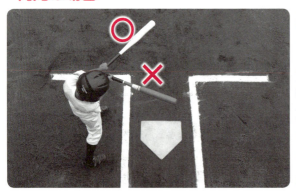

内角のボールをしっかり打つと、打球はレフト方向に飛ぶはずです。ところが、振り遅れてしまうと、ピッチャー方向などに飛んでいきます。ポテンヒットになることはありますが、長打（2塁打以上）はあまり期待できません

真ん中の場合

真ん中のボールを振りおくれると、センターに飛ぶはずの打球がライト方向に飛んでいきます。内角球の振り遅れと同じで、長打にはなりにくいですね

2 振り遅れてしまう原因は？

「いい球だ！打とう！」このときに…

ピッチャーの手から離れたボールを見て「いい球だ！打とう！」と決めてダウンスイングをはじめます。このときに、バットを持つ手に力が入りすぎると両手の手首が固くなって、スムーズに動かなくなり、バットの振り出しが遅れてしまうことがあります。バットを強く持ちすぎないで、鋭く振り出せるようにしましょう（しかし、これは簡単なことではありません。素振りのときから気をつけよう）

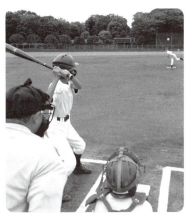

それ以外に、振り遅れてしまう原因は…
- バットが重すぎる ・バットを長く持ちすぎている
- 普段からの素振り練習が足りていない
- 身体の力が足りていない ・打つときに迷いがある
- 素振りに使うバットが重すぎる（スピードを出せない）
- 速い球に、目が慣れていない ・試合に慣れていない

ものしり
目→頭→身体

目で見て「打てる！」と判断し、頭（脳）に「打て！」の指令がいき、指令を受けた身体が動く。短い時間にすごいですね！

ポイント
少し重いバットで

振りおくれないスイングを身につけるために、試合で使うバットよりも、100〜200gほど重たいバットで素振りをするようにしましょう！

打つ 17 速いピッチャーでも打ちくずせ！　"振り遅れ"にならないために

速い球を投げてくるピッチャーを打つためには、振り遅れをせずに、きちんとミートしたい（ボールをとらえたい）ものです。そのために、気をつけることが、次の1〜5です

1 テークバックを早くとる

テークバックのスタート（スイングを始める時間）を、いつもより早めます。早く始動して、間合い（相手との時間）がしっかりとれるようにします

普通のピッチャー

上げた左足を下ろし始めたときに自分の左足を引き始める

速いピッチャー

左足を上げ始めたときに自分の左足を引き始める

2 ポイントを前にする

ポイント（当たるところ）を、ふつうのピッチャーよりも前にします。自分のスイングを急に早くすることはできないので、ポイントを変えてスイングが間に合うようにします

相手に応じて、ポイントを決めていきます。"スピードが速いから、〇cm前"と、いうわけではなく、自分のカンに頼ります

42

3 低めを狙う

速いピッチャーから打つには、高めのボールは打たないで、低目のボールを狙っていくべきです。「低め・低め」と狙いを定めて、ベルトより下の球を振っていきましょう！

速い球の高目は伸びて感じる

低目のほうが打ちやすい

4 バットを短く持つ

5 打席の後ろに立つ

ものしり
バッティングセンター

速いボールを打つことに慣れていくといいでしょう。ただし、速すぎるボールはNGです。当てるだけの打ち方になるからです

ポイント
素振りできたえる

打てるようになるためには、素振りを重ねて、振りを鋭く・強くしていくことが大切なんだよ。地道に積み重ねて、打てるようになろう！

打つ ⑱ 遠くにボールを飛ばそう！ インパクト時の体勢は？

カキ～ンと打ってホームラン！不思議なことに「ものすごい力を入れて打った」よりも「軽く振ったら飛んでいった」という声の方が多いものです。それは、なぜか？

1 頭の位置

ちょうど良い　　　　　　　　**つっこみすぎている**

頭の位置が両足の真ん中にあると、クルッと身体が回転して、パカ～ンと打てた…そんな経験があります。身体の中心がずれないで、背中の骨を軸にして、きれいに回転できたので、きっと思わぬスピードでバットを振ることができたのでしょう

タイミングが合わず、気持ちばかりがあせってしまい、ボールをむかえに行って＝頭がピッチャー側に突っ込んでしまい、打てなかったことがたくさんあります。この体勢では、バットにボールを当てるので精一杯です

2 体重（バランス）

後ろすぎ

ちょうど良い

前すぎ

頭が右足側に残りすぎていると（後ろすぎると）、アッパースイング

真ん中にあると、レベルスイング。これでOK！

左側に動きすぎると（突っ込んでいると）、ダウンスイング

3 右手のひらの向き

 →

インパクトの瞬間、右手のひらが、空を向いているのが正解です。ピッチャー側を向いてしまうと、ゴロになりやすいのでNGです

ものしり

"押し"の練習

バットを平らなところに押し当てて、5秒間ギューッと全力で押し込みます

ポイント
飛ばすためには…

・バットの芯で打つ
・ボールの真ん中を打つ
・重さのあったバットをするどく振り抜く

これができるまでがんばろう！

打つ ⑲ 勢いよく！かっこよく！ インパクトの後の動き

インパクトの後の動きをみると、そのバッターの目指す打球（狙い）がわかるよ。大きな当たり・鋭いライナー・逆方向への当たり…さて、みんなはどのタイプかな？

1 フォロースルー

高い

アッパースイングで大きな当たりが打てる

ちょうど良い

レベルスイングになってヒットが打ちやすい

低い

ダウンスイングで内野フライになりやすい

2 フィニッシュ

ハイフィニッシュ

飛ばし屋のホームランバッターに多いタイプ

一般的

グリップが首と耳の間ぐらいにくる

ローフィニッシュ

ゴロを打ちたいときには、この形をとろう

３ 両手？片手？

両手で最後まで振る

途中から

片手

打った後に片手を離すか離さないか？どちらにも良い点があります。片手（右打者は右手）を離してフォローをとると、右手を返し過ぎないで（こねないで）、打球が上がるようになります。またインパクトからフォローで、バットとボールの通り道が重なる時間が長くなると、遠くに飛ばせます。一方、両手を離さないスイングの場合、インパクトのときに後ろの手（右打者の右手）の力を、バットに十分に伝えることができるので打球が遠くに飛びます。どちらも試してみましょう

ものしり
スイングプレーン

バットのヘッド（芯）の通り道がつくる面をスイングプレーンといいます

ポイント
おすすめしない ローフィニッシュ

ゴロを打ちたいとき以外、フィニッシュを低くすることはおすすめしません。低くすると飛ばしにくくなるからです

打つ ⑳ これでバッチリ 高め・低めの打ち方

"高めは打ちやすく、低めは打ちにくい"といわれます。しかし、高めの速い球は、むずかしいものです。どちらの高さにも、うまく打つためのコツがあります。覚えましょう！

1 高めの打ち方

ヘッドが顔の前を通ると → **カッキーンと飛ぶ！**

低めよりもバットの先とインパクトまでの距離が短い分、ポイントを投手寄りにして打とう。バットの先が、顔の前を通っていく感じで振っていこう！

ヘッドが下がったところから出ると → **ボーン、ボーンと高いゴロになる**

振りだすときに、バットの先が下がってから（バットが横に倒れすぎてから）振っていくと、波打つスイングになって、ドライブ回転がかかり高いバウンドのゴロに

2 低めの打ち方

低いところからバットが出ると　うまくすくい上げられる

グリップが右肩より少し低いところを通るとバットの通り道と、ボールの通り道が合いやすいので、うまくすくい上げて打つことができます

フォローが低い打ち方だと　ゴロやフライになりやすい

ダウンスイングで低めを打つと、ボールをつぶしてしまうボテゴロや、ボールを切ってしまう（逆回転のかかる）内野フライになりやすい

ものしり
高めと低めどちらが飛ぶ？

高めが飛びます。腕を伸ばしきって打つ低めよりも、バットに伝わる力が大きくなるからです

ポイント
交互にティー打ちを

肩の高さと膝の高さに一球ごとに投げてもらうティー打ちをします。極端に高さの違う球を交互に打っていくと、だんだんコツがつかめます

| 打つ 21 | 良い練習を積み重ねることが大切
家での練習方法（1） |

お父さんに「しっかり振ってこい」と言われて、いやいや練習するときもある。何も言われていないのに「ちょっと振ってくる」と、素振りに出かけるときもある

1 大切な素振り（1）

想像しながら振る

素振りよりも、バッティングセンターでカンカン打った方が楽しいもん。ティーバッティングのほうが、まだやる気が出るよ。だって素振りってつまんないもん…。たしかに素振りは、そんなに楽しい練習じゃないよね。でも、大人はみんな「素振りしろ〜」って言うよね。不思議だね。その理由のひとつは、素振りは一人だけでできるよね。バッセンに行かなくても、ティーを投げてもらわなくても…大人はいそがしいんだ。だから、一人でできて、打てるようになるといわれる素振りを「やりなよ！」と、すすめるんだ。でもね、その「一人で」というところに「素振りをすることの良さ・大切さ」が、たくさんかくれているんだよ。まずは一人で次の試合を想像しながら振ってごらん。なんだか打てる気がしてこないかな？

2 大切な素振り (2)

4つのコースを振る

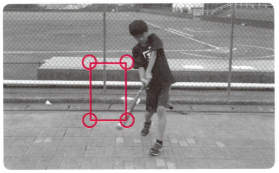

下を見ながらではなく、目線をピッチャー方向に向けて、実際のボールが投げられてくることを想像しながら振りましょう。そして、内角の高め・低め、外角の高め・低めの4つのコースを10回ずつ振りましょう

連続振り

下半身の動きを覚える・身体を強くする・身体の中心（軸）を感じる・力を入れる抜くを覚える…などの効果あり！（小学4年生以上のみ）

振ったら手を下げずにグリップを顔の前に

膝を使って身体を戻す。腰がひねられる

回数は学年×10回
（5年生は5セット）

ものしり
手のマメ

一生懸命にバットを振り込んだ高校生の手（右打者）。振った分だけ力になります

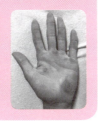

ポイント
重すぎるバットはNG

力をつけようと重すぎるバットでの素振りはダメです。身体をいためてしまいます。普段プラス100〜200gを目安に

打つ 22 チームの練習以外でもがんばろう！
家での練習方法（2）とバッセン

1人でがんばる素振りのほかに、おうちの人に手伝ってもらう練習方法を紹介します。羽根打ちは安全に気をつけて。バッティングセンター（バッセン）では、球速に気をつけよう

1 羽根打ち

バドミントンの羽根を投げて打つ練習は、横からボールを投げるティー打ちよりも試合に似ています。

親指と人差し指で羽根をつまみ、約3～4メートル離れたところから投げてもらいます。

安全のために

ラケットや傘で身体をかくす

球速アップの羽根

羽根の先をハサミで切ると速い球になります

2 バッティングセンターでは...

遊ぶ・感じをつかむ

適正なスピードで

バッティングセンターでの注意ポイント

イチロー選手が6年生の時に、120kmをガンガン打っていた話は聞いたことがあるかな？ じゃあ、1年生のころからお父さんと毎日ティーバッティングなどをしていたことは、知っているかな？ 毎日だよ。きっとイチロー選手は6年生になるまでに、ふつうの高校球児ぐらいバットを振ったんじゃないかな。それくらいの練習を重ねていたから、120kmを打つのが、ピッタリだったんだと思うんだ。でも、みんなは120kmが打てなくても平気だよ。4年生ならば80km、6年生ならば90kmが打てれば十分だよ。だって試合で100kmを投げてくる小学生は、めったにいないから。それよりも、いい当たりをたくさん打とう！

ものしり

いろんなスピードを打とう！

バッセンでは、いろんな打席に入って打とう！試合では一人ひとりピッチャーのスピードが違うからね

ポイント

バッセンは練習？遊び？

答えは微妙だけど、両方ともできるといいね。遊びの楽しさと、自分の打ち方の確認の両方ができるね。「遊びながらまじめに打つ」かな？

53

打つ㉓ ここで一発 ホームラン!
試合で実力を発揮するために

4年生が100mのホームラン！これは無理。でも、センター前にすごく速い打球のヒット！ これなら打てるね。実力とは"実際の力"のこと。試合では"実力"を出したいね

1 ネクストからバッターボックスへ

この丸（ネクストサークル）の中でやるべきことは、身体と心の準備。身体の準備は、相手のピッチャーの投球に合わせてタイミングをはかるんだ。バットが振れない時でも、身体全体で動きを合わせるんだよ

ネクストで「俺なら打てる！」「よっしゃー、いける！」と、心の準備をしたら、いざバッターボックスへ。審判に礼をして、白い線をまたいで一歩足を踏み入れたその瞬間に「強い自分」に変身だ！

「強い自分」に変身したならば、あとのこわいものは何もなし。ベンチからのサインを冷静に確認して、ピッチャーをしっかり見て、自分の心をひとつにまとめるんだ（これを"集中"という）

2 試合になったら

"打ち方"を気にするのではなく"どう打つか"に集中する！

バッターボックスに立ったら、「こうやって打て」「ああやって構えろ」など、「かたち」のことは忘れよう！ それよりも大事なのは、今の自分の打ち方で「どう打つか」だ。「強い自分」が「どう打つか」に集中しよう

タイミングを合わせることに集中して"強い自分"で勝負する！

相手のピッチャーだって向かってくる。そのピッチャーの動きに「強い自分」の気持ちを集中して、しっかりとタイミングを合わせて、得意なボールがきたら、思い切って「カ〜ン！」

ものしり
一流選手の考え方

打率3割3分3厘の打者が、2打席続けて三振した時、次の第3打席では「100％ヒットが出る」と考えるそうです。人は弱気になりやすいけれど、一流選手はちがいます

ポイント
"いいフォーム"よりも"なりふりかまわず"

打ち方は大丈夫かな？と不安な気持ちで打席に立つ"きれいな打ち方をする選手"よりも「あんなフォームで打てるのか？」と思われがちな"自信満々の選手"の方が、いい結果を出しやすいものだよ

55

道具の選び方

- バットは重すぎないものを…
 飛ばすためにはスイングのスピードが大切
- 素振りで使うバットの重さは、試合で使う
 バットの重さプラス100～200gまで

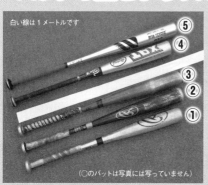

白い線は1メートルです

(○のバットは写真には写っていません)

○年長、小学1年生 200g／60cm（プラスチック製）
① 小学1・2年生 …460g／68cm
② 小学3・4年生 …520g／72cm
③ 小学4・5年生 …540g／75cm
④ 小学5・6年生 …550g／78cm
④ 小学6年生 ……580g／78cm
○中学1・2年生 …720g／82cm
○中学2・3年生 …800g／83cm
⑤ 高校生…………900g以上／85cm

参考までに私の息子(体型は細身)が、小学生時代から使っていたバットの重さと長さを紹介します。パワー(飛ばすための力)＝バットの重さ×スイングのスピードの二乗→適切な重さのバットを速く鋭く振れることが大事です

グローブやミットについて

守る位置によって、グローブの形や大きさが変わります。内野手用よりも外野手用の方が、大きくてポケットが深く（ボールを捕るところが奥に）なります。内野手用は小さめでポケットが浅くなります。投手用はボールを持つ指が見えないように網にすき間がありません。捕手と一塁手は、グローブではなくミットを使います

第2章

投げる

投げる ① 君はどのタイプかな？ いろいろなピッチャー

左投げのサイドスロー…めずらしいタイプだね。右投げ？ それとも左投げ？ 上手投げ？ それとも横投げ？ ピッチャーには、いろいろな投げ方にそれぞれ呼び名がついています。覚えておきましょう

左投げ（左投手）

左手でボールを投げる左ピッチャーをサウスポーともいいます。一般的に左ピッチャーは、左バッターに強いといわれています。ランナー1塁のときはけん制球が投げやすいので盗塁されにくく、2塁・3塁のランナーに対しては、右投手よりも注意が必要となります

右投げ（右投手）

右手でボール投げるのが右ピッチャー。プロの場合、だいたい3人に2人が右投げです。一般的に、右投手は右バッターに強く、左バッターには弱いため、強力な左バッターが出てきたときに、左投手に交代する場面をよく見かけます

オーバースロー（上手投げ）

上（頭よりも腕一本分くらい高いところ）から投げおろす投げ方

スリークオータースロー

高さが4分の3→オーバースローとサイドの中間から投げる投法

サイドスロー（横手投げ）

腕を横に振って投げる投法。横に曲がる変化球が投げやすい

アンダースロー（下手投げ）

ボールが地面ぎりぎりの高さから出てくる投げ方

ものしり
何人くらいいるの？左の選手

巨人軍の投手陣33人のうち13人が左投げ。野手の35人のうち17人が左打ち（2017年度）

ポイント
アンダースローもひじは肩の高さ？

すごく低いところから投げるアンダースローだけど、両肩を結ぶ線と肩からひじまでの線は、ほぼ直線なんだよ。不思議だね

投げる ② ～～投法って聞くけど…
いろいろな投げ方

たとえば右投げのオーバースローピッチャーでも、投げ方が微妙に違っているんだ。また、ランナーがいるときといないときでは、投げ方が変わるよね。いろいろと知っておこう

ワインドアップ

ランナーのいないときに、両腕を大きく振りかぶって投げるのが、ワインドアップ投法。元ロッテのエース村田兆治投手のダイナミックな投げ方「マサカリ投法」を見てごらん。すごいよ！

ノーワインドアップ

ワインドアップ投法よりもコントロールが定まりやすいのがノーワインドアップ投法。グローブは胸の前でじっとしたまま動き出します。最初の腕の動きが少なく、上半身がブレないので、投球が安定します

セットポジション

けん制球は、このセットポジションの体勢に入っていないと投げられません。ランナーがいない場面でもセットポジションで投げて大丈夫です。多くのプロの投手もそうやって投げています

クイックモーション

クイックとは、"素早い"という意味です。盗塁をされたくないときに、足を高く上げずに素早く投げる投法をいいます

けん制球

相手を見はって自由に行動させないことを"けん制する"といいます。ランナーのいる塁に投げたり投げるふりをして、自由に走らせない。それをけん制球と呼びます

肩ならし

思いきり投げないで、ゆるく投げて肩まわりの筋肉や関節をほぐして整えていくことを肩ならしといいます。試合中のピッチャーは、味方の攻撃が2アウトになると肩慣らしを始めます

ものしり
ソフトボールは
野球とはちがい下投げです。すごいスピードが出ます

ポイント
状況に応じて

相手のバッターや、試合の状況（点差など）によって、試合中に投げ方を変えるピッチャーもいます。横手投げの投手が、急に上から投げたりもします

投げる ③ 知らないとわかりにくい プレートの踏み方

ピッチャーマウンドにある白いゴム製の板を、ピッチャープレートといいます。幅は約60cmです。真上に乗って投げるとグラグラするので、小指側だけを乗せて投げていきます

1 足の動かし方（1）ワインドアップ

①斜めに
写真のように、足をプレートの上に斜めに置きます。つま先は土に、かかとは板の上に。このときはまだ足を上げていません

②かかとをずらして
足をあげる直前に、かかとをずらして内側のくるぶしをホームに向けます。この、かかとをずらす瞬間に、グッと踏み込みます

③足上げて
かかとをずらして、足を踏み込んで、軸足（右足）をしっかりさせてから、左足をあげます

2 けん制球の踏み出し方

セカンドけん制

右回りのけん制。軸足はそのままで左足を上げたらクルッと身体の向きを変えて投げます

左回りのけん制。野手に合わせクルッと回って投げます。左足を2塁方向に踏み出します

2塁側から見た写真

サードけん制

軸足を踏んだまま3塁へ＊必ず投げるんだよ

軸足を外したら（右にずらしたら）、投げるふりでもOKです

```
        2塁
    3塁 ↑ 1塁
      ←─┼─→
        ↓
       ホーム
```

ファーストけん制

軸足の位置をそのままで1塁へ＊必ず投げるんだよ

軸足を外したら（右にずらしたら）、投げるふりでもOKです

ものしり
どこを踏むの？

右はしに足を置いても、左はしでも真ん中でも、どこに置いても自由です

ポイント
プレートからホームまでの距離

大人〜中学生 18.44m、少年野球 16m（5.6年生）14m（4年生以下）、リトル 14m、ソフト（小学生）10.67m

投げる ④ きちんと覚えておきましょう
ボールの持ち方（1）直球

軟球で投げているときには、それほど気にならないけれど、硬球になるとボールにハッキリとした縫い目があるから、けっこう気になる。持ち方は、早めに正しく覚えよう！

1 正しい持ち方

人差し指と中指を → **縫い目にかけて** → **親指は内側で**

薬指は丸めて　　**完成！**　　**ここに乗せる**

左投げ　　**2本指の間かく**　　**右投げ**

2 これは良くない

思い切り強く持つ
そのまま投げると、腕や肩の筋肉が伸びてくれないから、バチバチっと細い筋肉のすじが切れてしまい、肩やひじが痛くなるんだよ。だから、強く持っては、ダメ!

親指の腹で持つ
親指の指紋をボールにつけるように持つのは、おすすめしません。手が小さいうちは、落とさずに持つために仕方ないのですが、なるべくなら指紋を付けないように持ちましょう

ものしり

フォーシームとツーシーム

きれいにまっすぐ伸びていくのがフォーシーム。微妙に曲がるのがツーシーム

ポイント
スナップの効いたボールを投げよう!
手首の力や指先のしなりをうまく使って、回転のいい球を投げましょう!ということ。たくさん縦回転する球は伸びる!

投げる ⑤ 学童のみんなは、投げないけれど…
ボールの持ち方（2）変化球

まだ骨が柔らかい学童野球の投手は、ひじや肩を痛めやすいので、変化球を投げるのは禁止です。ここでは、中学生や高校生になったときのために、変化球の持ち方を紹介します

1 ツーシーム

直球と同じ投げ方で、持ち方を少し変えるだけで、微妙な変化球となるツーシーム。打つ直前で少しだけ落ちることが多いので、内野ゴロに打ち取れる便利なボール

2 カーブ

右投げのピッチャーが投げたときに、右バッターから見て左から右（例：真ん中からアウトコース）にドロンと斜めに曲がるのがカーブ。中指を縫い目にかけます

 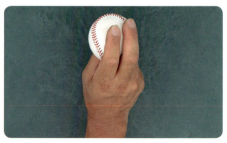

3 チェンジアップ

直球と同じ腕の振り方で、遅いボールが投げられるチェンジアップ。親指と人差し指を丸めて輪を作り、あとの3本指でボールを包むように持ちます

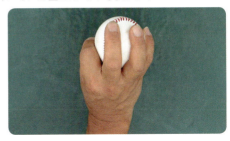

4 スライダー

直球かと思って打ちにくると、最後に横（右投手を右打者から見て、左から右に）にスッと曲がり、空振りがとれるスライダー。中指を縫い目にしっかりかけます

5 フォークボール

打者の手前で、ストンとボールが落ちるのがフォーク。サッカーの無回転シュートと同じで、ボールに回転がかからない。チョキの2本指をひろげて持つ

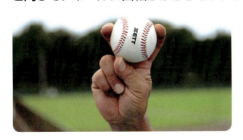

投げる ⑥ 足の上げ方
グラグラしないでビシッと立つ！

マウンドに立ったら、スパイクで地面を掘って足場を固める。足場を固めて軸足を安定させたら、いよいよ投球動作の始まりです

1 グラグラしない

絞る

拇指球

左足を上げて、軸足となる右足一本でしっかり立ちます。左足を上げたら、膝のお皿の骨を一個分右にずらします。反対に、右膝のお皿の骨を半個分左に向けるように動かします。両足が絞られて力がたまります

軸足の右足は、拇指球に体重をかけます。左足を上げた勢いで、グラッとならないようにしましょう。そして、足から、背骨、頭のてっぺんまでに"一本の棒"が通っているような感じで、ビシッと立ちます

2 軸足でバランスよく立つ

軸足の足場をしっかりと固めて、左足を上げて、両膝を絞り、足から頭のてっぺんまでの棒をイメージして立ったら、バランスはバッチリです。このとき、両腕を下げて肩を"なで肩"（両腕の付け根が下がっていて、肩がだらんと脱力している）にします

90度
上げた左足は約90度に曲げます。足の付け根（股関節）から曲げるようにします。年齢によって、脚力も違うので、90度はあくまで目安です

頭
頭は軸足の上にあります。点線が"一本の軸"です。軸は、地面から垂直に突き出ているイメージで

右膝を伸ばし過ぎるとグラグラします。反対に、曲げすぎてもお尻がしずみ力が逃げてしまいます

ものしり
ボーク？
プレートから離れて足を上げているのはボーク（正しくない投球動作）です

ポイント
ボークだけど…
バランスをとる練習で"3秒ストップ"をやってみよう。足を上げたら「1.2.3」と数えてから投げます。3秒間ストップしている間に"一本の軸"を感じましょう（試合ではボーク）

| 投げる ⑦ | 身体のちからをボールに伝えるための
足のつき方

上げた足をホームベース方向に踏み出して投げます。このときの動き方はボールのスピードやコントロールに大きく関係してきます。コツをつかんで強いボールを投げましょう！

1 なるべく横向きのままでステップを

大きく振りかぶって、胸を張って「さあ投げるぞ！」の体勢に入ります

軸足をしっかりさせたら、前足をすっと上げてモーション（投げる動き）に入ります

なるべくおへそをバッターに見せないように、横向きのまま体重を移動します。

力をためながら横に移動し、前足をついたら、いよいよ腕を振ってボールを投げます

内側に力を

着地のときは、内側に意識を！

前足をつくときに、前足は横向きのままつくような感じにします。その方が、身体の力がうまくボールに伝わります（実際には、つま先はホームベースに向いて着地します）

2 足場を固めよう

軸足の動きでできた穴を、自分が投げやすいように、埋めます

前足を下ろすところもガタガタです。ここも自分で埋めて直します

歩いて

自分の左足がつく位置を歩いて測ります

掘って

着地する位置が決まったら、スパイクでガリガリ掘ります

ものしり

インステップとは

踏み出す足が、自分と相手を結ぶ線より内側（右投げの場合は、右側）に出ていること

ポイント

つま先の向きは…

横向きのままで身体を移動しようすると、つま先も横向きのままで動かそうとします。それで正解です。つま先は無意識のうちにホームに向きます

71

投げる ⑧ 正しい動きを覚えよう！
腕の上げ方

ボールを持った腕を上げるときに、間違った動きをすると、コントロールが悪くなったり、スピードが出なくなったりします。また、肩やひじが痛くなる原因にもなります

1 右ひじの上げ方

ボールを持った腕を上げていくときに、ひじを背中側に引きながら上げていくのは、おすすめできません。肩の付け根の筋肉が必要以上に引っ張られて痛くなるからです

✗ 悪い例

両足のかかとが、壁から10cmくらい離れたところにセットポジションで立ちます。そこから、投げようと腕を振り上げたところでストップします。そのときに、ひじが背中の壁にぶつかるのはよくありません。ひじがぶつからないように腕を上げていきましょう

2 ボールの向き

無理にセンターに向けるよりも、脱力してショートに向ける

手のひらの向きの違いで、手首や肩の柔らかさに違いが出る

腕を振り上げた時の手のひらを、無理やり後ろに（マウンドにいたならば、センター方向に）向けないで、斜め右（ショート方向）に向けましょう

ものしり

ギュッと持つと…

手首やひじが固くなり、腕のしなりが使えなくなります

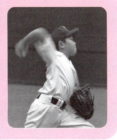

ポイント
ボールの回転

地面に対して垂直に回転するのが"縦回転"。縦回転のボールはまっすぐ伸びます。横回転のボールは曲がります

投げる ⑨ これが大事 右ひじの高さ

投げるときに右ひじの高さが肩の高さにくると、いいボールが投げられます。これは身体の骨や関節のつくりが、そうできているからです。肩よりも少し高いと、さらにいいでしょう

1 右ひじ・左ひじともに高さは肩の高さ

これからボールを投げるよというときに、両腕のひじの高さが、肩の高さになるといいでしょう。それを覚える練習方法は、①両足を肩幅より広く立ち、両腕を肩の高さに上げて伸ばします ②左腕は、グローブが顔の前にくるように曲げます ③右腕は、ボールを持つ手が頭の上にくるように曲げます ④その体勢から、身体を回して7mくらい先のネットに投げます

大あくび&敬礼！

投げているときのひじの高さは、自分ではわかりにくいものです。ひじの高さは、写真のように大きなあくびをするときのひじの位置や、敬礼のポーズなどで覚えましょう

2 ひじが肩の高さにあると

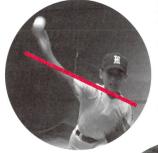

力が伝わりやすい・故障しにくい

首から肩までの骨と、肩からひじまでの骨が一直線になると、身体の力が無駄なくボールに伝わるため、たくさん投げても負担の少ない投げ方になります。骨や関節が痛くなることが少なくなります

アンダースローでもひじは肩の高さ

地面ぎりぎりからボールが出てくるアンダースロー。ひじは肩のかなり下の方から出ていると思いきや、そうでもありません。背骨が倒れているだけで、やはり"ひじは肩の高さ"になっています

ひじが下がってしまうと

ひじが肩の高さから下がってしまうのは、ひじや肩を痛めやすい投げ方です。なるべく早めに正しいフォームにかえていきましょう

ものしり
ゼロポジションとは

首から肩までの骨と、肩からひじまでの骨が一直線になる位置で、力の伝わり方にロス（無駄）がなく、腕が安定して動ける位置のことをいいます。難しいね…

ポイント
肩やひじを痛めないために

正しい投げ方を覚えるのも大事ですが、もっと大切なのは投げ過ぎないことです。また、痛みがでたら投げないことがもっとも大切です

投げる ⑩ 意外と大切な グローブの動き

しっかり投げるためには、ボールを持つ右腕だけが、ちゃんと動けばいいと思っていました。グローブを持つ左腕の動きが、とても大切であることは大人になってから知りました

1 グローブは胸にしっかりと引きつけて

投げるために右腕をビュンと振ったとき、左腕にはめているグローブの4本指の外側を、左胸にパンと音がするくらいの勢いで引きつけましょう

かくしてから

コントロールを良くするために相手をグローブでかくし、狙いを定めます

投げる

グローブをグッと引きつけながら投げます

2 狙いを定める

線上にヒットする

ターゲットに向けてグローブを差し出すと、狙いが定まります。キャッチャーミットと自分の位置を線でむすび、その線上にグローブをセットします

3 強い回転を生む引きつける動き

差し出したグローブを左胸に引きつけるとき、その勢いで左肩をクルッと後方（センター側）に回します。背骨を中心に上半身が素早く回転できるので、全身の力を使うことができて、力強いボールが投げられます

ものしり
体幹とは...

お尻から首くらいまでの、腕を除いた胴体を指します

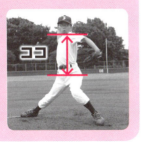

ポイント
左腕は意識して

右腕はだいたいの子がかっこよく使えるようになるけれど、左腕は気をつけていないと正しい動きが身につきにくいので、意識して練習しましょう！

投げる ⑪ スピードとコントロールを決める 腕の振り

下半身の動きや胴体の動きによって作り出される腕の振りが、ボールのスピードやコントロールに大きく影響します。「球が速くてコントロールもいい」これを目指そう！

1 ひじが先行してから、縦に振られる

身体の回転でひじが先行する

先行するとは、先に動くということ。投げるときには、ボールを持つ手よりも、ひじの方がキャッチャー方向に先に動きます

そして腕は"上から下へ"振られる

ひじが先行した後に、ボールを持つ手がいよいよ最高のスピードで振られます。振られた腕は、手のひらが外側に向きます（左回りで、親指が下向き・小指が上向き）

2 腕の振りは縦、横？

縦（上から下へ）

横（右から左へ）

左右へのコントロールのブレを防ぐためには、腕を上から下に、縦の線に沿って振っていくことをおすすめします。腕を横に振ったときより、投げたいラインから外れません

ものしり
腕が振れていない、とは
コントロールを気にするあまりに"そーっと"腕を動かすことをいいます

ポイント
ひじを下げてから成功した投手もいる
中日で活躍した与田選手は、上手投げからスリークォーターに変えて良くなった投手です

79

投げる 12 投球練習のやり方
覚えておこう、正しい練習方法を

いいピッチャーになることを目指して、自分の力に応じた練習をすることが大切だよ。少しずつでかまわないのでレベルアップしていこう！

1 コントロールを良くするために

ストライクが3球入ったらレベルアップを

小学生のうちは、まだコントロールが定まりません。そこで、ピッチング練習をするときは、"ストライクが入る距離"から始めましょう。たとえば6年生の場合、12mの距離から5球投げて、その中でストライクが3球投げられたらレベルアップ。次は14mの距離から5球投げて3球入ったらまたレベルアップ、次は16mで

2 試合の前日・当日は

<前日>プロでも 20～30 球

明日が試合だ！という日に、たくさん投げてはいけません。プロの投手でも、試合の前日は 20 ～ 30 球しか投げません。特に大会のときなどは「明日はなんとかしなければ」と思い、ついつい前日の投球数が増えてしまいます。しかし、君たちのひじや肩は、大人と違って骨が柔らかく筋力も少ないので、たくさん投げられるようにはできていないのです

<当日>これから試合で投げるときは...

試合前の投球練習も、本気で投げるのは 20 球くらいにしておきましょう。たくさん投げて準備をするのではなく、ストレッチや肩まわりを動かす体操（マエケン体操のように）などで、筋肉を柔らかくして筋温（筋肉の温度）を上げて、マウンドに向かいましょう。冬場の試合では、防寒のジャンパーや携帯用カイロを忘れずに

ものしり
投げ込みはキケン！！

小学生に投げ込み練習（＝たくさん投げる練習〔100 球とか〕）は必要ありません。走り込みも必要ありません。まだ"子どもの身体"だからです

ポイント
コントロールが大切

投球でいう「コントロール」とは、自分の思うところに投げる能力をいいます。小学生のうちは、スピードよりもコントロールの良いピッチャーを目指しましょう！

投げる 13 試合に勝つにはこれが大事
打ちとるための攻め方

大人の野球ではチェンジアップなどでバッターのタイミングを外せるけれど、学童野球では野球ひじなどを防ぐために変化球は禁止だよね。そう考えると小学生のピッチャーのほうが、工夫が必要だね

1 相手打者のタイミングを外す投球

タイミングは、①速いボール（全力投球）②普通のボール（7～8割の力かげんで投げる）③スローボール（山なりのゆっくりしたボール）の投げ分けと、投げる動き（モーション）の変化で外していきます。ときには足をゆっくり上げたり、ときにはクイックで投げてみたりして変化をつけます。握りはストレートのままで

2 外角低目と内角胸元へのコントロールをみがく

同じスピードのボールでも、コントロールが良いと、バッターは打ちにくいものです。特に「外角の低め」＝いちばんバッターの目から遠いところと、「内角の高め」（胸元の球）＝目にいちばん近いところに、投げ分けられるといいでしょう

3 相手に応じた攻め方を覚える

身体が大きくてバットをめいっぱい長く持っている選手がバッター……そんなときは左ページの2で説明した攻め方がいいでしょう。背の高い選手は腕も長いので外角でもバットの芯が届きます。だから、必ず低めに投げること。胸元のボールには意外と弱い選手が多いので、どんどん攻めていこう。打ってもファールになるインコースに投げて、ストライクをかせぐのもいいね

4 自分の特長を活かす

＜速球派？＞

＜軟投派？＞

今の自分のスタイルを考えて、「今日は、ゆるい球を低目に投げて打ちとっていこう」とか、「最近は、球が速くなってきたから、強気で内角を攻めていこう」など、いろいろやってみるとおもしろそうだね

ものしり
軟投派とは？

速い球ではなく、ゆるい球など変化をつかってタイミングを外しながら打者を打ちとっていくタイプのピッチャーのこと。反対は、速球派

ポイント
速い球だけでは...

高校野球を見ていると、速い球でも打たれる投手がいます。きっとマシンの速球に慣れている打者が多いからでしょう

投げる 14 エースと呼ばれる君へ
先発ピッチャーの心得

1回からマウンドに立つ先発ピッチャー。大事な試合には、エースが先発することが多くなる。少年野球や高校野球だと、エースの背番号は「1」。カッコいいね！

1 明日は大事な試合

ドキドキ

前の夜は、なるべくいつもと同じ食事をしましょう。お寿司屋さんに出かけたり、分厚いステーキを食べることは、おすすめしません。生ものを食べてお腹が痛くなったら困るし、消化に時間のかかるお肉をたくさん食べるのも NG です。試合が終わってからにしましょう。また、試合前にドキドキしたならば、それは新鮮な血液を体中に送ろうとしている心臓が、ポンプの役目をするためにがんばってくれている証拠。OK デス！

"しっかり休む"

「明日の試合の勝ち負けは、自分のピッチングにかかっている！」…確かに先発投手の調子しだいで、試合のゆくえは変わってきます。そのためにも、前の晩は、いつもと同じ時間に布団に入りましょう。そして、目を閉じて視力を休めて、身体を横にして筋肉を休めるようにします。いろいろ考えてしまい、眠れなくても大丈夫。試合はたった1～2時間です

84

2 マウンドに立ったならば...

"やるしかない!!"

先発ピッチャーはきれいなマウンドで投げることができます。きれいなマウンドに立って、今日も大好きなピッチャーができることを「やったー!」と思いながら、ワクワクして第1球に備えましょう。ここに立ったら誰も助けてはくれません。"やるしかない!"そんな気持ちで"強い自分"が"弱い自分"をやっつけてから初球を投げましょう!

"緊張"について

心が引き締まった状態を"緊張"といいます。心が引き締まる?…先発ピッチャーとして、心がダラダラ・ユルユルだったら困るよね。"引き締まる"…「しまっていこうぜ!」「オウ!」って声をかけるよね。ということは、緊張してなきゃダメだってことかもよ。緊張したなかで、いいピッチングができるか?それが大事です

ものしり

心臓はポンプ

ドキドキは心臓のポンプがたくさん働いているとき。ガタガタと震えるのは、神経が興奮して"闘いモード"に入っているとき。全部OKだよ!

ポイント

身体の反応を知っておく

汗がたくさん出るのは、戦闘態勢に入り、燃えてきた身体の体温を下げるため。鳥肌が立つのは、身体を大きく見せるため

投げる 15 やっぱり一人で努力しないと
自主練 壁当てピッチング、シャドウピッチング

壁に向かって投げるのが「壁当て」、鏡やガラス戸に向かってフォームチェックをするのが「シャドウピッチング」。壁やガラス戸があれば、みんなも一人で練習できるんだよ

1 壁当てピッチング

壁に向かってボールを投げて、はね返ってきたボールを捕って、また投げて…こんな遊びが「壁当て」です。壁にチョークで丸を書いて、そこを狙ったり、試合のつもりでカウントを数えながら投げたり…ボールと壁さえあれば、たっぷり遊べます。むずかしいゴロを捕って、すばやく送球して、はね返った球をめいっぱい伸びてキャッチ、そんな"ひとり守備練習"も楽しいよ。2人以上で、ゴロキャッチの回数を競い合っても盛りあがるよ。ただし、車や自転車が通らないか？ 小さい子がそばにいないか？ はね返ったボールが、人の家のガラス窓まで飛ばないか？ などまわりをよく確認してから、遊びましょう！

2 シャドウピッチング

少し大きめのタオルを持って、鏡など自分の姿が見えるところで、投げたふりをするシャドウピッチング。自分がどんな投げ方をしているのかを確認しながらできるところは、バッターの素振りと似ているね。この練習は、プロ野球のピッチャーもやっているんだよ。ボールを投げないぶん、フォームに気をつけられるし、雨の日でも、できるからね。好きな選手の投げ方を真似してみるのもおすすめだよ

ものしり
寝たまま投球練習？
部屋の照明にぶつけないようにね。コントロールが良くなるよ

ポイント
大切な"積み重ね"
壁当てやシャドウピッチングや素振り。一人でできる練習だから、やるのもやらないのも自分次第。こういう地道な練習を積み重ねると地力がつくよ

アンパイア

審判のしぐさを知ろう

試合のとき、審判のしぐさをわかっていると困らずにプレーできます

アウト
右手が上がり「アウト！」

セーフ
両手を横に開く

ストライク
右手が上がり「ストライク」

ボール
手を上げずに声だけで「ボール」

タイム
両手を広げるか右手のひらを見せる

プレイ
右手の人差し指を投手に向ける

スイング
振ったときはアウトと同じ

ノースイング
振ってないときはセーフと同じ

ラインアウト
ふくらみすぎで、ランナーアウト

オフ・ザ・バック
足が離れた！セーフ

ボールちょうだい
ボールを持ってきて！

早くしよう！
さぁ、始めるよ！

打席に入るときは…
球審の後ろを歩くこと

これはダメ！
前を横切って歩くのはNG

タイムお願いします
はっきりと言おう

交代します
選手の名前やポジションを伝える

第3章

守る

守る ① ピッチャー① けん制球

盗塁されないように、けん制球の投げ方を覚えましょう。けん制球でアウトが取れるとピンチを救えます。ルールが少し複雑なので、1つずつ覚えていきましょう！

1 1塁へのけん制

軸足を外さないクイックターン

軸足となる右足を外さないで投げるけん制球です。この投げ方がいちばんアウトにできます。ただし、投げないとボークになります。気をつけましょう

軸足を外してのけん制

軸足を2塁ベース側に外してのけん制球です。投げなくても大丈夫なので、盗塁するか？など相手の様子を見るときや、自分でひと呼吸入れたいときにも使います

2 2塁へのけん制

通常のターン（左回り）

軸足のかかとを上げて、身体を背中側にクルッと回して、投げるけん制球。ベースをよく見る走者をアウトにできます

反対のターン（右回り）

左足をふつうに上げてから、クルッと身体を右側に回して投げるけん制球。盗塁したい走者をアウトにできます

3 3塁へのけん制

スクイズのサインが出ているランナーをアウトにしやすいけん制球です。軸足を外さない場合は、投げないとボークです！

ものしり
セットポジションとは…

軸足（右足）をプレートにつけて置き、左足を並べて横に置き、両手を身体の前で止めた体勢をいいます

ポイント
手を下げないで...

投げるときにボールを持つ手を下げてしまうと、けん制球が遅くなります。ボールを耳の上に上げて、素早く投げましょう！

守る ② ピッチャー②
知っておきたい「ボーク」

正しくない投球をボークといいます。ずるい気持ちがなくても、ルールを知らないとボークを取られます。マウンドに立つからには、ルールをちゃんと覚えましょう！

1 止まっていない

ホームに投げるときは、合わせた両手を上半身の前で、いったん止めてから投げないと「ボーク」。けん制球を投げた後、ファーストからの返球を捕って、あわててホームに投げようとすると、このボークになりやすい。けん制球を投げるときには、止まっていなくてもかまいません

2 途中で止めちゃう

「あれっ？スローボールのサインだったかな？」と思って、投げ始めた動作を途中で止めて、サインを見直したりすると「ボーク」。このボークは、プロのピッチャーでもやってしまうことが多いんだ。途中でやめたい時は、はっきりと軸足（右足）をプレートから2塁側に外すこと。はずした後は、自由に動けるよ

3 投げてない

「投げるふり」をすることを「偽投（ぎとう）」といいます。1塁または3塁に、軸足（右足）を外さないで、「偽投」をすると「ボーク」。2塁はOK。試合時間が長くならないためのルールです

4 動いている

セットポジションに入った（＝合わさった両手が身体の前で止まった体勢）その後に、首から下の部分（肩や腕など）が動いてしまうと「ボーク」。肩の揺れに気をつけましょう！

5 軸足をホームベース側に外す

たとえばランナー1塁で、サインを見ている格好から、振り向きざまにけん制。そのとき、軸足をプレートのホームベース側に外して制球を投げると「ボーク」です。軸足は、2塁側に外しましょう！

ものしり
ランナーのいないときは
ランナーがいないときのボークは、「ボール」となります。構えてないバッターへの投球は「ボーク」です

ポイント
ルールを覚えよう
ランナーがいるときに「ボーク」があると、それぞれが塁を1つ進みます。3塁にいるときはホームイン（1点）です

守る ③ ピッチャー③
バント処理、クイック、カバーリング

守備がうまいピッチャーは、自分のピンチを守備力で救うことができます。試合でパッと動けるように、しっかり練習しましょう！

1 バント処理

2塁へ
バントの構えを見てホームにかけ下りてきて、捕ったら素早く正確に投げる力が必要です

3塁へ
低い姿勢でボールを捕り、そのままの低い姿勢でターンして投げます

ホームへ
スクイズのときなどは、グローブで捕ってそのままトス（下投げ）します。手首の使い過ぎに注意

2 クイックモーション

足を高く上げないで、"クイック＝素早く"投げる投法です。

3 カバーリング

1塁カバー

左側に飛んだゴロのときは、1塁方向にすぐ走れ！必ず！

3塁カバー

3塁打を打たれたときには、ベースの後ろにカバーに入ります

ものしり
ベースカバーのときは

後ろにそらさないように、なるべくベースから離れます

ポイント
1塁のカバー

セカンド寄りのゆるいファーストゴロのとき、一塁手はゴロを捕りにベースからはなれます。いそいでベースに向かおう！

守る ④ キャッチャー① 構えとキャッチング

「扇の要」といわれるキャッチャー。野球のことをよく勉強してチームの"司令塔"になりましょう。むずかしいけれど、とっても楽しいポジションだよ！

1 構え

キャッチャーの構えはとても大事です。ミットのポケット（＝ボール捕るべき芯の部分）を、ピッチャーに見せて「ここに投げてこい！」という気持ちをポーズで表わしましょう。なるべく姿勢を低くして、不用意な失投（打ちやすい球を投げること）を防ぎましょう！

2 キャッチング

ミットを止める

ピタッ！

低めのボールを捕ったとき、その位置でミットを止めましょう

ミットを下げない

ボールの勢いで、捕った位置から下がらないように

手のひらの向き

手のひらは、地面に向けずピッチャーに向けましょう

右手はかくして

右手はファールチップに備えて、太ももの横かお尻の後ろにかくしましょう

ものしり
扇の要？
扇（扇子）と野球場の形が似ています。付け根が大切な"要"です

ココが"重要"

ポイント
安全のために
振り終わりに片手を離すバッターのときは、50cmは下がってバットが頭や身体にぶつかる事故から身を守ろう！

守る ⑤ キャッチャー② スローイング

素早く投げなければいけないと思って、無理して小さい腕の振りで、投げてはいけません。肩やひじを痛めてしまいます。足を動かして全身を使って投げましょう

1 フットワーク（セカンドへのスローイング）

捕った位置から、ボールがバックネット側に下がることなく、捕ったら素早く右足をセカンド方向に踏み出し、正しくステップして投げます。足を動かせば、速くてコントロールの良い送球ができます

○ good

✗ NG

2 バント処理

ミットと手で捕る

持ち替えがしやすいので、ミットに手を添えて捕りにいく

マスクを外して

ボールやまわりを見るために、マスクを外してプレーする

ホームゲッツー

絶対に足が離れない様に、ベースの中につま先を置いて伸びる（写真はセーフ）

ランナーと重ならないように

打者走者の背中にぶつけないよう、左側か右側を決めて投げる

ものしり
打撃妨害とは...

ミットを前に出しすぎて、振ったバットにぶつかってしまうと「打撃妨害」となる。特に満塁のときはバッターから離れましょう

ポイント
ひじや肩を大切に

ピッチャーの次に、肩やひじを痛めやすいポジションです。たくさん投げるだけに、足をしっかり動かして投げましょう

守る ⑥ キャッチャー③ リードと声かけ

「次は外角に、その次は内角低めに」などと、ピッチャーを引っ張っていくことを「リードする」といいます。いいピッチングができるかどうかは、リードにかかっています

1 リードについて

アウトコース

インコース

ぎりぎりを狙う時は、あらかじめ「ここに投げてこい」と思うところに、足場もミットもずらして構えます

高め

低め

高めの場合にはミットを上げて、低めの場合には頭を下げて構えます。中途半端ではなく、はっきりと構えます

100

2 しまっていこうぜ!!

キャッチャーだけは、守るみんなの方を向いています。キャッチャーの声かけや表情は、ピンチの時にも、みんなを勇気づけます。大きくて元気な声をかけましょう！　場面に応じて守備位置や、誰がどこに投げるか、などの指示もしっかりと行ないましょう

声かけの例

- いい球きてるよ。何も考えずにミットを目がけて
- 腕ふって来いよ。ワンバン、OKだぞ
- ピーゴロ、ホームゲッツー。落ち着いていこうぜ！
- 外野、風が強くなったぞ！
- 2アウト、フライ捕るだけ！

ものしり
サインを出すときは...

指が見えるとサインがバレます。おへそと手首が同じ高さで

ポイント
キャッチャーの楽しさ

試合をコントロールする楽しさがあります。テレビを見たり、高校野球を見に行ったりして、野球を知ろう！

守る 7 キャッチャー④
タッチ、フライ、ボディーストップ

ピッチャーのボールを受けること以外にも、いろいろな場面で大事なプレーが待っています。むずかしい動きですが、少しずつ覚えていきましょう！

1 タッチ

「センターから、いい球が返ってきた。キャッチャーが捕って、タッチ」…アウトかセーフか？みんな早く捕ってタッチしたいものですが、ボールの方が、腕の動きよりも早いので、できる限りホームベースに近いところで捕ってタッチします

2 フライ

逆回転がたくさんかかっているキャッチャーフライは、落ちてくる時にバックネットからマウンド方向にボールが曲がります。そのフライを捕りやすくするために、おへそをバックネットに向けて立ち、上がったボールをネット側に置いて捕球に備えます

❸ ストップ

ショートバウンドを、簡単に後ろにそらすようでは、キャッチャーとして一人前とは、いえません。身体を張って止めましょう。防具があるから痛くないよ、大丈夫！

股のすき間をミットでふさぎ、両膝を地面にしっかり着きます。両肩を前に出して背中を丸め、両ひじを身体につけて、あごを引きます。正面からのすき間をなくそう！

ショートバウンドは、捕るのではなく、身体で止めます。こわいのですが、勇気を振りしぼって最後までボールを見ていることが大切です。顔をそむけるのは、かえって危険だよ

ものしり
2死満塁、ふり逃げ
2アウト満塁の時、振り逃げになったら1塁に投げないでホームベースを踏みましょう。フォースアウトが取れます

ポイント
指示は大きな声で
送りバントの時、投手は走者が見えません。どこに投げるかは捕手の声が頼り。大きな声でハッキリと！

守る ⑧ ファースト① ベースに入る

ファーストが上手だとアウトがしっかり取れます。内野手からのショートバウンドを捕ったり、止めたりする技術が、チームを勝ちに導きます

1 伸びて捕る

アウトにできるか？ギリギリの時は、なるべく足や腕をめいっぱい伸ばして、早くボールを捕りたいものです。両手で捕っては、伸びきれないので、片手で捕ります。足を大きく開ける柔軟性があると、なお良いでしょう

ベースから足が…

せっかく体を伸ばして捕っても、肝心の足がベースから離れてしまうとアウトにできません。伸びるときは、つま先をベースの上の面に置いて、そこから伸びましょう。ベースの角を、指先の足の裏で踏んでいて、そこから伸びると足が離れてしまいます（オフ・ザ・バック）

2 大きくそれた時は

伸びても捕れないと思ったら、まずはベースから離れて捕ります

その後、素早くベースを踏むか、ランナーにタッチします

3 1塁けん制のタッチ

ボール

ベースのそばで捕る

けん制アウト！と思ったらセーフ。ファーストのタッチがうまくない…。アウトにできそうなタイミングのときは、ベースの近く（ランナーの足のそば）に、ボールが来るのを、ぎりぎりまで待ってから捕って素早くタッチをしましょう！

ものしり
1・2塁のときは…
1・2塁や満塁の時は、ベースに付かないで定位置または深めで、打球の処理に備えよう

ポイント
大きく構えて
送球を受けるとき、野手が一塁手を見るタイミングで、両手を高く広げて大きく構え、その後に腕を下げて捕球に備えます

105

守る ⑨ ファースト② トス、中継プレー

ファーストは、ゴロを捕って近くに投げるプレーや、中継（カットマン）に入るプレーなどの細かい動きも出てきます。ランナーの動きなど全体が見れる選手を目指しましょう！

1 トス

ゴロを捕って、ベースカバーに走ってくるピッチャーにトス（下手投げ）します。走るスピードに合わせて、顔の高さに、ベースが踏みやタイミングでトスします。止まらずにベースのほうに足を動かしながらトスしましょう

2 中継プレー

まっすぐの位置に

ライトゴロの場合は

右中間や左中間に打たれて、バックサード（3塁への送球）のとき、まず走っているバッター（打者走者）が、1塁ベースを踏むかをチェックします。その後、打者走者を追いかけるように2塁ベースに向かいます。途中でバックホームに切り替わったら、マウンドの横あたりで、中継のラインに入ります。その他に、ライトフライのバックホームなどでも中継に入ります。それから、ライトゴロかバックホームか？どちらに入るかは、むずかしい判断です。イニングや点差も関係します。2アウトならばライトゴロ狙いかな？

ものしり

4番・ファースト・王

世界のホームラン王の王貞治さんは、左投げの一塁手でした

ポイント
左投げの選手は？

ピッチャー・ファースト・外野を守ることが多いです。右投げの選手は、どこでもOKです

守る ⑩ セカンド＆ショート①
構えとスタート

セカンドとショートは、左右前後への広い守備範囲と正確なスローイングが求められます。打球への反応を良くするために正しい構えから一歩目を素早く出せるようにしましょう

1 構え

ピッチャーが投げたボールがよく見えるセカンドとショートは、スイングのタイミングなどを見て守備位置を少し変えます。構えるときは、背中をピシッと伸ばして、足の付け根から前傾し、肩と腕をリラックスさせます。両足の内側に張りを持たせたまま、かかとを上げて、一歩目が素早く・強く動けるようにします

2 スタート

投球とバッターのスイングを見て

アウトコース

インコース

インパクトと同時にスタート!!

右へ

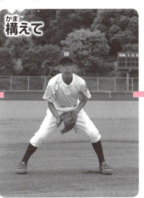
構えて

左へ

ものしり
静？動？

ジッと止まった状態から動き出す選手と、トコトコ動いたところから動き出す選手がいます。両方を試してみるのもいいでしょう

ポイント
1歩目が大切

スタートの一歩目を早くするためには、バッティング練習のときに素早く動き出す練習をたくさん重ねましょう

109

守る ⑪ セカンド＆ショート② ダブルプレー

1つのプレーで、2つのアウトが取れるダブルプレー。けっしてむずかしいプレーではありません。試合の流れを大きく左右します。ゲッツー（GET Two）ともいいます

1 ショートの動き

ボールを受けるとき、右足の内側でベースをこするようにします。難しければ、普通に踏んでOKです

ココが大事
捕る前にベースから足を離さないように

捕ったボールを持ち替えながら、右足をファースト方向に踏み出します

走ってくる1塁ランナーに送球をぶつけない位置にステップします

＜ファーストゴロの場合＞

1塁ゴロの時はサード側（内側）で待ちます

1塁ランナーを左に見てプレーします

＜投げる!!＞

2 セカンドの動き

右足でベースを踏んでボールを受けます。いつも良いところに送球がくるとは限りません

左足を踏み込んでボールを捕ります。右手がグローブのそばにあると、持ち替えが素早くできます

ココが大事
ショートの動きに合わせよう

持ち替えながら、右足→左足と踏み出して1塁に投げます。あわててポロッと落さないように

<ベースのそばのゴロの時>

右足で踏んで、下がりながら捕ります

左足を踏み出して投げます

<投げる!!>

ものしり
トリプルプレー
1つのプレーで3つのアウトを取るのがトリプルプレー。ノーアウトのピンチが、トリプルプレーでいっきにチェンジ！

ポイント
スローは顔の高さに
ゲッツーのときのセカンド送球は、顔の高さに投げましょう。低いと送球しにくくなります

守る ⑫ セカンド & ショート③ 中継プレー

セカンドとショートは中継プレーに入ることが多いポジションです。ランナーはどこを走っているか？ どこに投げればアウトにできそうか？ など、すぐに判断する力が必要です

1 左中間を抜かれた場合

左中間を抜かれた長打のとき、ショートが外野に走っていきます。その約10m後ろに、セカンドがついていきます。もし、外野からショートへの送球がそれた場合には、セカンドがカバーしてプレーを続けます

2 右中間を抜かれた場合

反対に右中間を抜かれたときは、セカンドが外野に走っていき、ショートが追います。このバックアップする野手がいなくて、3塁打ですむ当たりがランニングホームランになるケースをたびたび見かけます

ものしり
声をつなぐ

「バックホーム」「バックサード」など、指示の声をカットマンに伝えましょう！練習のときから声を出すようにしよう！

ポイント
無駄に点を与えない

間に合わないサードに投げて、そのボールが暴投になって、カバーも間に合わなくて1点。すごくもったいない失点です

| 守る ⑬ | クイックな動きが求められる
セカンドゴロのさばき方

小柄で動きが良く、野球を知っている選手がセカンドを守ることが多いかな。機敏な身体能力が求められます

1 右（2塁ベース寄り）へのゴロ

バックハンドで

抜けそうな打球を、バックハンドでキャッチ

ふんばって

右足でぐっと踏ん張って体勢を直して

ワンバウンドで

ワンバンの方が、コントロールも良くなる

2 前へのゴロ

つっ込んでくる

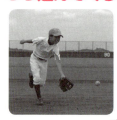

とにかくダッシュで前進してきます

すばやく持ち替える

ポケットで捕れると持ち替えやすい

ランニングスロー

場合によっては走りながら投げます

3 左(1・2塁間)へのゴロ

ぎりぎりで捕れたら

1・2塁間の打球。腕を伸ばして捕ります

体勢を入れかえて

足を動かして身体を右に回します

投手に投げることも

ベースカバーの投手に投げることもあります

4 1塁ベースカバー

セーフティバント

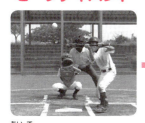

相手がセーフティバントの構えをしたら

1塁へ

ファーストベースに走ります

ベースカバー

1塁ベースでボールを受けます

ものしり
ランナーセカンド

ゴロが外野に抜けると1点。何としても捕りましょう!

ダイビング!

ポイント
セカンドはおもしろい!

強いゴロがきたり、弱いゴロがきたり、ダブルプレーがあったり、中継があったりと、変化に富んだポジションです

守る ⑭

フットワークと強肩が求められる
ショートゴロのさばき方

三遊間の深いゴロを捕って、1塁に矢のようなボールを投げる。ショートの見せ場だよ。広い守備範囲と強肩の両方が必要になるポジションです

1 右（三遊間）へのゴロ

バックハンドで → **素早くステップ** → **ワンバンかツーバンで**

正面に入れないときはバックハンドでキャッチ／右足を踏ん張って体勢を立て直して／体勢によっては、2バウンドの送球を

2 前へのゴロ

つっ込んでくる → **グラブをしっかり向けてキャッチ** → **素早く投げる**

ボールを左側に置いて前進。ダッシュ！／ボテゴロは、できるだけ前で捕る／小さい腕の振りでビシッと投げよう

3 左（2塁ベース寄り）へのゴロ

ぎりぎりの体勢で捕る　**フットワークよく**　**ときには一回転で**

足を動かして最後にクラブを差し出します　捕ったらお尻をぐっとライトに向けて投げる　一回転投げの方がうまく投げられることも

4 低く速い打球

素早く構える　**グラブをしっかり開いて**　**捕ってからはステップを**

構えおくれがないよう基本姿勢を素早くとる　グローブのポケットを早めに向ける　捕ってしまえば余裕あり。あわてない

ものしり
投げる力が必要

三遊間から投げたり、中継でバックホームをしたり、ショートは投げる力が必要です。しっかり投げるために全身をきたえよう！

ポイント
スタートの一歩は…

ピッチャーの投球コースが良く見えるショートだから、インパクトの瞬間に一歩目が踏み出せるくらいになれるといいね

守る 15 ランナーを釘付けに ショート&セカンドけん制

ランナー2塁のピンチ。このランナーをホームまで帰したくないときには、なるべくリードを小さくさせよう。けん制でアウトにできれば最高だね

1 いきなり入る

セットに入る前
ピッチャーはサインを見ているふりをする。ランナーもまだ油断してキョロキョロしている

振り向きざまに
静かにしていたショートは、タイミングを見はからって一気にベースに入る

投げる
キャッチャーの「けん制、投げろ!」のサインで、振り向きざまにベースに投げる。「アウト!」

2 動いて入る

入るフリをする
ショートは、いちどベースに入るフリをする

戻るフリをする
次にベースから離れて、守備位置に戻るフリをする

再び入る
コーチャーの「開いた」や「ノーマーク」の声が出た瞬間に、再びベースに入った瞬間にけん制球を受けてタッチ！「アウト!!」

ものしり
インフィールドフライ
ノーアウトまたは1アウトで、ランナー1・2塁または満塁のときに、内野フライでコールされる（バントとライナーでは、コールされない）

ポイント
ランナーの様子を見る
ショートはランナーのヘルメットを見ます。キョロキョロ動いているならば、左ページの一発けん制でアウトにできるよ

守る 16 ホットコーナーは任せろ！
サードゴロ（右・前・正面・左）

"燃える男、ミスタージャイアンツ"として有名な、長嶋茂雄東京読売巨人軍 終身名誉会長が、背番号「3」をつけて守っていたのが、"ホットコーナー"と呼ばれるサードでした

1 右（ライン際）
ファールラインぎりぎりに飛んでくるゴロは見せ場だ

バックハンド → **しっかりステップして** → **ワンバンスロー**

 →  →

ポケットをしっかりと向けてつかむ | 右足を踏ん張って体勢を立て直す | 遠投になるので、ワンバウンドで

2 前（ボテボテ）
つまった当たりや、セーフティーバントをさばく

思いっきり前にきて → **しっかりキャッチ** → **素早くスロー**

 →  →

少しライン側から猛ダッシュでつっこむ | 目線をボールから外さないでキャッチ！ | 素早く持ち替えてすぐに投げる！

3 正面（強いドライブ）

怖いけれども逃げずに向かっていこう！

すぐに備えて

速い打球に間に合うようにグローブをセット

しっかりキャッチ

打球の勢いに負けずにキャッチします

ステップしてスローイング

打球が速い分、送球には余裕があります

4 左（三遊間）

レフトに抜けそうな強い当たりをキャッチ！

低く速く

頭を起こさないで、低い姿勢で動きます

しっかりキャッチ

グローブでしっかりつかみます

体勢を立て直してスロー

身体をギュッと右に回して狙いを定める

ものしり

「3番・サード・長嶋」

巨人軍の9連覇（V9）を支えたのは、ON（王さんと長嶋さん）の活躍でした

ポイント

グラブは「下から上へ」

グローブを下（地面）から上に動かすと、むずかしい打球でも捕れるよ。上からだと、バウンドとケンカしちゃうからね

守る 17 外野手① 構えとスタート

いい外野手とは、後ろに飛ぶフライを捕れる選手。後ろの打球に自信を持てれば、定位置を浅くできるため、"バックホーム→アウト" や "ランナーストップ" も多くなります

1 構え

外野手

内野手

ゴロが多い内野手とは違って、手を膝に置かずに、高く構えてフライにも備えます。後ろの打球を追いやすくするために、身体を斜めにして構える選手もいます。でも、初めはまっすぐ（おへそがホーム）から始めよう

内野手はお尻を下げて、手を膝の高さにして構えます。外野手よりも、ゴロが多いからです

2 スタート

左中間に

右中間に

センター

右の肩を後ろ（背中側）に引いてスタートします。1歩目がスムーズに動き出せます

左中間とは反対に、左の肩を後ろに引いてスタート。素早く動いて守備範囲を広げよう！

前は単打（1塁打）、後ろは長打（3塁打など）。長打を防ごう！

ものしり
守備範囲とは...
その選手が守れる広さのことをいいます。遠くのフライを捕ったときなど「守備範囲の広い選手ですね」などといわれます。

ポイント
ノックよりバッティング練習で
バッティング練習の時に、打球に対してスタートを切って、守備のカンを養いましょう

守る 18　外野手② フライの捕球

外野手は、フライがしっかり捕れることが大切です。加えて、バックホームなど投げることも考えて、正しい捕り方を覚えましょう！

1 グローブの真ん中、少し網寄りで捕る

フライを捕るとき、グローブの手首の近いところ（"土手"といいます）にボールを当てると、落としてしまいます。グローブの真ん中または、少し指先（網側）にずれたところで捕りましょう！

2 後ろから前へ、つま先体重で捕る

タッチアップ
ノーアウトまたは1アウト、ランナー3塁で外野フライのとき、外野手が捕ったらランナーはホームに走りだします

後ろから！
ボールの落ちてくるところよりも後ろ側（外野フェンス側）に素早く下がってから、前に動いてきて捕りましょう

✕NG
かかと体重で捕るのは投げにくいからNGだよ

刺せる!!

捕る瞬間には、つま先側に体重が乗っているようにしましょう。いい体勢で捕れればいい球が投げられる！

ものしり
スゴいバックホーム
YouTubeで「奇跡 バックホーム」と検索してみてください

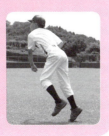

ポイント
落下地点とは
文字通り、打球が落ちてくるところです。上手な外野手は打球を見ずに、一目散に落下地点に走っていきフライを捕ります

125

守る 19 外野手③ バックホーム

「バッター打った、センター前。セカンドランナー、サードを回ってホームへ、センターから矢のような送球が返ってきた。タッチ!! アウトかセーフか!?」外野手の見せ場だよ

1 前進して捕る

思い切って前へ
スタートよく走ってきて、少しでもホームベースに近いところでゴロを捕ります。そのとき、バウンドをよく見ましょう！

右足が前で
ゴロを捕るときは、内野手とは反対に、グローブ側の右足を前に出しながら捕ります

キャッチ
全力で走ってきてゴロを捕るとき、頭を下げすぎて転ばないように、スピードを少しだけゆるめます。バランスをとるために片手を上げてもいいでしょう

2 捕ってから投げるまでの動き

軸足を向けて
捕った後も、前進する勢いを保ったまま、グローブがホームベース方向に向くように、身体の向きを変えにいきます

小さくジャンプ
身体の向きを変えるときに、小さくジャンプをして時間を作り、軸足のくるぶしの内側をホームに向けます

✗ NG
ガタガタのグランドで

イレギュラーに備え、グローブを膝の前から外さないで捕ろう！

レーザービーム!!

走ってきて→捕って→体勢を作って→ビュン！つながったこの動きができると「レーザービーム」が生まれます！

ものしり
ランナーを見て
投げるときには、走者の位置も見よう。間に合わない塁に投げるのはやめよう

ポイント
ゴロを横で捕る？
1点もやれない場面では、身体の正面ではなく横で捕ったほうが素早くホームに送球できることもあるよ

守る 20 外野手④ レフトの守り方

ホームから見て左側の外野手を「レフト」、「左翼手」といいます。右バッターの大きな当たりや、左バッターのラインぎわへの当たりなど、むずかしい打球が飛んできます

1 左打者の打球

ラインぎわ

左バッターが打ったファールライン近くに飛んでくる打球は、左回転がかかっているので、ファールゾーンに向かって曲がっていきます。走りながらこの打球を捕るためには、最後まで走るスピードをゆるめないことと、グローブにボールが入る瞬間に指先をしっかり動かして、きちんとつかむことが大事です。差し出したグローブぎりぎりの打球が捕れる「球ぎわに強い選手」になろう！

2 守備位置
相手の打者に合わせる

定位置

相手バッターの様子（右打ち⇔左打ち、バット長い⇔短い、振れている⇔振れてない　など）と、点差など試合の状況で変えていきます

3 サードカバー

送りバントでピッチャーが3塁へ送球するときや、サードへの盗塁のときなどにレフトは必ずカバーに走ります

ものしり
バックアップとは

捕る人の後ろや、空いたベースに入って、暴投や進塁に備えることをいいます。"もしも"に備えての大事な役目です

ポイント
肩の強さは？

外野手の中で、肩の強さ＝投げる力が、いちばん必要ないのはレフトといわれています。3塁ベースが近いからです

守る 21 外野手⑤ センターの守り方

文字どおり外野の真ん中を守る「センター」。「中堅手」ともいいます。前後・左右に動ける走力と、強い肩と、全体を見る判断力が必要とされる外野の中心となるポジションです

1 広い守備範囲

左中間（レフトとセンターの間）や右中間（ライトとセンターの間）に飛んでいく大きな打球を、素早く走っていってキャッチ！これができると3塁打やランニングホームランを減らすことができます。加えて、ショートやセカンドとの中間に飛ぶフライも多くあります。広い範囲を守れる守備力が求められます

2 相手打者に合わせて

ピッチャーの後ろを守っているので、投げたボールのコースがよく見えて、打球に対してのスタートが切りやすいポジションです

3 走力と強肩が必要とされる

「走力がある」＝足が速いこと。「強肩」＝投げるボールが速い、コントロールがいい、遠くまで投げられること。センターは両方が必要です

ものしり
センターラインとは？

キャッチャー・ピッチャー・センターを結ぶ一本線です。この3人がしっかりしているチームは強いといわれています

ポイント
セカンドカバー

盗塁やけん制球でセカンドをカバーするときに、ベースに近づきすぎて後ろにそらさないように注意しましょう

守る 22 外野手⑥ ライトの守り方

ホームから見て右側の外野手を「ライト」、「右翼手」といいます。昔と今では「ライト」のイメージが変わってきました。今は「うまい外野手」＝「強肩」＝「ライト」です

1 ライトゴロ

ライトは大人の野球よりも少年野球のほうがむずかしいと思います。なぜなら「ライトゴロ」が多いからです。大きい野球場の場合、芝生の切れ目のすぐ後ろぐらいが定位置となる少年野球では、強めのゴロならば一塁でアウトにできます。「2アウト、ランナー2塁。強いゴロが飛んできた。バックホーム？ ファースト？ どっちに投げる？」こんな判断が求められるからです

2 打球が曲がる
右打者の打球

左バッターのレフト線への打球と同じように、右回転がかかって切れて（ファールゾーン側に曲がって）いきます

3 バックアップ

内野ゴロ・1塁けん制・振り逃げなど大忙しです。近づきすぎに注意しましょう

ものしり
ホームラン？
打球がポールに当たった場合や、ポールの内側（フェアゾーン）を通ったときは、ホームランです

ポイント
レーザービーム
3塁を狙うランナーを見事な送球でアウトにするイチロー選手。ライトは強肩の選手が守ります

守る 23 ごっつんこ・お見合い？ 中間のフライ

たとえば、センターとショートとセカンドとの間に上がったフライ。だれが捕るのか？ みんな捕れそうだし、捕れなさそうだし…むずかしいね。捕るために、約束ごとを決めておこう！

1 大切な声かけ

捕らない人、ゆずる人は「センター」「まかせた」などと大きな声で

捕る人は「オッケー」「オーライ!!」などとハッキリと大きな声で!!

こちらも同じく「センター!!」などと大きな声で

3人とも走りながら、捕るためにボールを見ています。必死です。「自分が捕れる！」そう思った瞬間に「オッケー」とか「オーライ」とか「どけ〜オレが捕る！」などと、はっきりとした大きな声を出しましょう！

2 後ろの人が優先。横はチームごとに決めておく

こうならないために

イタタッ！

後ろから声がかかったら

オッケー
センター
まかせた
ショート

外野手と内野手の2人とも「オッケー」の声が出た場合には、前向きに走る外野手に任せましょう。捕りやすいからです

ものしり
プロ野球でも…
テレビを見ていても、年に何回かゆずり合ったり（お見合い）、ぶつかったりという場面を見ます。それくらいむずかしいのです

ポイント
"捕りやすい"を基本に
下がりながら捕るより、前進しながら捕るほうがカンタン！風向きも考えながら、誰が捕りやすいか判断しよう

守る24 ちょっとむずかしいけれど…試合の展開と守備位置について

普段は、だいたい定位置（いつもの場所）に守っているけれど、場面によっては勝つために守備位置を変えたほうがいいときがあります。けっこう野球は奥が深いんだよ…

1 ランナー1塁で1点を守りたいときは

後ろに守って長打を防ごう！！

定位置

外野手が頭を越されたり、間（左中間や右中間）を抜かれたりすると、1塁ランナーがホームに帰ってしまうから、深く（後ろを）守ろう！

ベースラインぎわに守って長打を防ごう！！

三塁手と一塁手は、ベースのそばに寄って守り、ラインぎわを抜かれてしまうことを防ごう。その打球で、1塁ランナーのホームインをなくすためにもね

2 1点とられたら負けてしまう場面では
外野手は前進して守ろう。内野手は、ゴロを抜かれないように

定位置

同点の最終回、1アウトで2塁。こんなときには「外野手はバックホームでアウトが取れる位置＝前進守備」「内野手は抜けそうなゴロに必死で飛びつく」で！

3 ランナー満塁

まだ2回で0－0

試合の序盤（1～3回くらい）では、ランナーが3塁にいるときでも前進守備をしないで、定位置を守り、大量失点を防ぎアウトを増やします

ものしり
王シフト

ホームランバッターで左打者の王選手が打席に入ると、ショートがセカンドベースより1塁側に守る。これが"王シフト"です

ポイント
いろいろな場面を考えてみる

プロ野球や高校野球を見ながら「ここはこう守るのかな？」などと考えてみると楽しいよ

守る 25 これがとっても大切！うまくなる心構え

「心構え」って何だろう？ 辞書をひくと…心の中での準備。心の用意。覚悟。などと出てきます。なるほど準備や用意のことだ。野球でも心がまえが大切なんだね

1 「さぁ、来い！」「バッチ、来い！！」

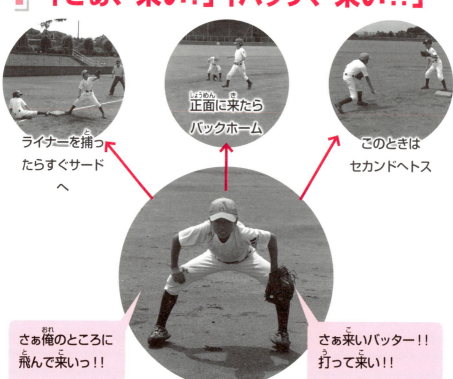

- ライナーを捕ったらすぐサードへ
- 正面に来たらバックホーム
- このときはセカンドへトス
- さぁ俺のところに飛んで来いっ！！
- さぁ来いバッター！！打って来い！！

「バッチ、来い！」っていい掛け声だね。「バッターよ、俺のところに打って来い！」「準備OK！さ〜来なさい」。そのときに3通りくらいの想像＝イメージが描けるとなおGoodだね！

2 想像しているとその通りに動ける

不思議なもので、想像しているとその通りの打球が自分のところに飛んできて、捕って、投げて、アウトになってチェンジ！ という経験がたくさんあるんだ。きっとあらかじめ想像していたから"普通"にできたんだと思うよ

ものしり
メンタルトレーニング
心の練習。「考え方」の練習ともいえるね。ピンチのときにも、チャンスのときにも、「考え方」で結果が変わってくるからふしぎだね

ポイント
エラーしたときは
「反省会」は試合が終わってから。今は「バッチ、来い！」だ。次の打球をしっかりさばくことに集中しよう！

守る㉖ いろんなことを受け入れよう
風・グラウンド・太陽など

風が強い・太陽がまぶしい・審判がきびしい・後ろが見にくい・相手の応援がすごい…これらはその場では変えられないから、まずは受け入れよう。そして対応しよう

1 風が強いときは…
旗や木を見る

かぜ

どっちからどっちに向かって風が吹いているか？ 頭に入れて守るんだ。旗や木の揺れ方を見ているとわかるよ。枝がしなるときと戻るときのスピードの違いをチェックしよう

2 グラウンドが固いときは…
バウンドボールを使う

捕りやすいワンバンを

校庭など地面が固い時は、ノーバウンドで投げないでワンバウンドで投げた方が速くて正確に投げられることがあります。軟球はそれができるのが良いところです

3 太陽がまぶしいときは…

帽子でかくす　　　　**カバーを忘れない**

★中学生以上は試合によってはサングラス着用が認められています

太陽とボールが重なる高さにフライが飛んで来たら…①帽子のつばを持って②太陽だけを帽子で隠して③ボールを捕る④他の選手はカバーする　準備しよう！

ものしり
変えられること
暑いから元気が出ない…「暑い」のは変えられないよね。みんな、暑いんだ。「元気が出ない」は、どうかな？　何か変えられそうだね

ポイント
やるべきこと
石やゴミや枯れ枝をひろう。リードでできたデコボコをならす。ベースのそばの土をはらう。気をつければできるよね。

141

守る 27 ピンチをチャンスに！ 試合中の声かけ

「大きな声を出すと力が出る」これは本当だよ。弱々しい声しか出せなかったときの自分と、大きな声が出せたときの自分、理由はわからないけれど確かに「強さ」が違っていたよね

1 「次に、次に」前向きな言葉を!!

○良い例

暴投して点が入ったことを、くよくよしても「取り消し」にはしてくれません。ならば、何をするべきか…。そうです「次に飛んできた打球をしっかり捕って、しっかり投げる！」そして、次の打席で"打つ！"。それしか、プラスにはならないんです。マイナスしたら、それよりも大きなプラスを出して、チームのためになろう！

✗悪い例

たとえミスをしても【○良い例】のように、下を向くことなく「次に、次に」と前を向いて行こう。【✗悪い例】のように、うなだれているのは、ダメッ！「反省会」は、試合が終わってからやるとして、試合中は「ドンマイ・ドンマイ！」…気にするな！ってこと。ミスったぶんを次で取り返そう！

2 盛り上がっていこう！

負けていても

負けていても最終回に同点に…試合は終わるまで、どっちが勝つかわかりません。最後まで元気よく！

元気よくっ！！

土壇場で同点にできたり、逆転したときは、みんなが元気よく、大きな声を出していました！

ミスが出たときは…

押し出し、ワイルドピッチ、エラー、フィルダースチョイスなど、ミスが出てしまい、いやな感じで点を取られてしまったときこそ「守備のタイム」をとって、気分を変えよう！

ものしり
「心・技・体」とは

文字どおり「精神力」の心、「技術力」の技、「体力」の体を、まとめてあらわす言葉。この3つのバランスが大事だよ

ポイント
言葉の力…

「できる」といっていると、できるようになる。または、それに早く近づける。不思議だけれど、本当にそうなんだよ

守備位置とポジション名

守る位置とそれぞれの名前を覚えよう

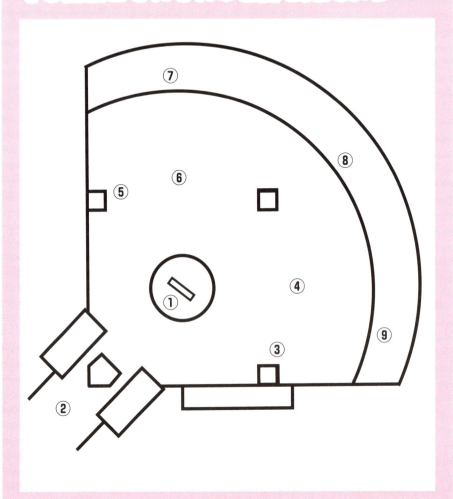

《バッテリー》
①ピッチャー（投手）
②キャッチャー（捕手）

《内野手》
③ファースト（一塁手）
④セカンド（二塁手）
⑤サード（三塁手）
⑥ショート（遊撃手）

《外野手》
⑦レフト（左翼手）
⑧センター（中堅手）
⑨ライト（右翼手）

第4章

攻める

| 攻める ① | 走って、走って、走りまくれ！
ランナーについて

ランナーがホームインすると点が入ります。点をたくさん取ったチームが勝ちます。ランナーは、盗塁やタッチアップをすることもできます。いろいろと覚えましょう！

1 ランナーとは

ベースを踏んで次の塁へ

塁（ベース）に向かって走る攻撃側の選手です。「走者」ともいいます

ホームインすると…

1点が入ります。ランナーがホームベースに触れると"ホームイン"

2 ランナーがアウトになるのは…

フォースアウト

進塁すべき走者がベースにつく前にボールが届いたとき

タッチアウト

塁から離れているランナーがタッチされると、アウト！

3 タッチアップとは...

フライが打ちあがったときに、次の塁へ進むかどうかを判断するために、元にいた塁に戻っていること。一般的には、"捕ってから走り出すこと"として使われることが多いね

4 いろいろなアウト

ボールにぶつかる
打ったボールにぶつかると、わざとでなくてもアウト！

人にぶつかる
ボールを捕ろうとしている守備の人にぶつかるとアウト！

大きくよける
タッチされるのをいやがって大きくよけるのはアウト！

踏みわすれる
ベースを踏まないで走ったり戻ったりするとアウト！

ものしり
バッターランナーとは？
バッターが、打ったり、フォアボールだったり、振り逃げなどで走りだすと「バッターランナー（打者走者）」になる

ポイント
ベースをもどるときは
2塁を踏んだ1塁ランナーが、1塁に戻ろうとしたとき、もう一度2塁を踏んでから戻らないと守備側のアピールでアウト！

攻める ② 打球によって走り方が変わる

打ってから1塁まで

打者走者の走り方は、打球の方向や飛距離によって変わるよ。自分の打球と相手の守備、他のランナーの動きを見ながら自分の走力や点差などを考えて、どうするかを判断しよう

1 打ったあと...

内野ゴロ・ライト前ヒット
捕られてしまいそうな内野ゴロや、ライトゴロのときは、ベースを駆け抜けるために、ラインに沿ってまっすぐ走ろう。でも、相手が捕るところは見た方がいいよ。エラーしたら2塁を狙いたいからね

内野ゴロが抜けたとき
ゴロの打球が、内野手の間を抜けたのを見たら、ベンチ側にふくらんで、2塁に走る準備をするんだよ。ベースを回ってからのオーバーランは、レフト前ならば大きく出よう。捕りそこなったら2塁へGO！

大きな当たり
打った瞬間に外野の頭を越える大きな当たりとわかったときは、すぐにベンチ側にふくらんで加速した状態で1塁ベースを回るんだ。そのときすでに、いちばん速いスピードが出ていると、3塁・ホームまで速く走れるよ

148

2 走るか？止まるか？

自分で見る

打球の行方や相手の動き（もう捕ったか？まだ捕っていないか？など）を、身体の向きを変えずに見れるときは、自分で「走るか？止まるか？」を決めます。自分の背中側のプレーについては、ランナーコーチャーを見て決めます。

コーチャーを見る

たとえばライトに飛んだヒットでの1塁ランナーの場合、2塁ベースを回って3塁を狙うか、止まるかを決めるときには、サードコーチャーを見ます。自分では背中側の打球が見えないからです。2塁ベースを回る前と、回った直後にコーチャーを見て、踏む直前はベースの角の踏むところを見るようにします

ものしり

"振り逃げ"とは

ノーアウトまたは1アウトで1塁ランナーがいないとき、および2アウトのときに、スリーストライク目の投球を捕手が捕れなかった場合に振り逃げができる（振っていなくても同じ）

ポイント
点差を考えて

ランナーやコーチャーは、相手との得点差を考えて、走るか止まるかを決めます。大きく負けているときに、無理は禁物です

攻める ③ 大きな武器となる リード、スチール

塁から離れる「リード」の大きなランナーが、いつ次の塁へ走る「盗塁」をしかけてくるか…守る相手はいやなものです。走塁を磨いて大きな武器を身につけましょう

1 リード

セーフティーリード

リードが大きすぎて、けん制球でアウトになってはいけません。でも、小さ過ぎて次の塁を狙えなくても困ります。逆をつかれても戻れる「セーフティーリード」の大きさは、「手を伸ばして寝っ転がり、立ち上がったら横に一歩、そこからさらにもう一歩」だよ

2 リードオフ

リード　　　　　　　　　　　リードオフ（第2リード）

最初のリードから、ピッチャーの投げる動きに合わせて、3〜4歩くらいサイドステップ。これを「リードオフ」または「第2リード」といいます

3 スチール①（2盗）

2塁への盗塁を「2盗」といいます。右投手だと走りやすいです

右投手だったら、お尻の全体を見てスタートを切りましょう

4 スチール②（3盗）

3塁への盗塁を「3盗」といいます。左投手だと走りやすいです。キャッチャーからの送球がそれたときに、すぐに立ってホームに走りだせるよう、足からスライディングしましょう

ものしり
ディレードスチール、ホームスチール

わざとスタートを遅らせて走る作戦がディレードスチール。ホームへの盗塁がホームスチール

ポイント
スタートのコツは...

投手のクセを見抜きましょう。"セットしたグローブが高いとけん制""足幅が狭いとけん制""長く持ったらホーム"など

攻める ④ いろいろなやり方がある
スライディング

滑りこむことを"スライディング"といいます。スライディングは、その場に応じたいろいろな方法があります。どんなときも、はっきりした気持ちで滑りましょう！

1 足から滑る

片足を伸ばして、反対の足は曲げて、お尻を地面にすって滑ります。ベースのそばでスピードが落ちないように、ベースを蹴飛ばせるくらいの勢いで滑りましょう。場面によっては、大きく足を開いてタッチをさける滑り方や、すぐに立ち上がれる滑り方が必要です

2 手から滑る

左か右に身体を大きくずらしながら、手先だけでベースをさわるテクニックや、水泳の飛びこみのように、頭から滑る"ヘッドスライディング"というやり方もあります

3 セーフになるために

相手のミットの動き＝バックホームの送球のそれ具合、を見て、自分の身体をボールの位置からできるだけ遠ざけて手だけでベースタッチができるように滑りましょう。写真のように、1塁側にそれて滑る練習もやっておきましょう。試合で役立つときが来ます！

4 ケガを防ぐために

1塁へのヘッドスライディング

つき指、骨折、脱臼などのおそれもあり、成長期の子どもには、絶対におすすめできません

ベース近くからのスライディング

あまりにも近いところからすべると、足にダメージを受けます

ものしり

すぐ立てるフットスライディング

セーフのタイミングで、そのベースからすぐに次の塁を狙うために、パッと立ちあがれるスライディングのことをいいます

ポイント
勇気をもとう！

野球を始めた頃は、スライディングがこわいでしょう。でも大丈夫。勇気をもって滑っていると、だんだん慣れてくるよ

攻める ⑤ 試合を決める大事な場面
走るか？ 走らないか？

ランナーやコーチャーの一瞬の判断が、試合の勝ち負けを大きく左右することがあります。「あのとき、あのランナーが〜〜できたから勝てた！」となるよう、がんばろう！

1 サードランナーのスタート

ゴロゴー
ゴロの場合は、ホームへつっこむ。これが"ゴロゴー"。インパクトの瞬間をよく見て、スタートの一歩目を早くします。うまい第2リード、すぐれたインパクト時の判断、高いスライディング技術。それぞれが必要となります

ライナーバック
ライナーの打球に飛び出してはいけません。ダブルプレーになってしまうからです。ライナーのときは、すぐにベースに戻ります。抜けた場合、それからスタートしてもホームインはじゅうぶんに間に合います

タッチアップ
外野フライが上がったときは、タッチアップします。フライを捕る位置、相手が捕る体勢をよく見て、いけると思ったらスタートしましょう。スタートは必ず「外野手が捕ってから」。先に出たらアウト（アピールにより）だよ

2 セカンドランナーのスタート（打球の判断）

ゴロゴー？

自分よりも左に飛んだゴロはゴー。しかしピッチャーゴロはストップ

ストップ

ピッチャーゴロと、自分の正面より右側の強い打球はストップ

浅めの外野フライ

戻れる範囲でハーフウェイ（中間）に。落ちたらゴー！

タッチアップ？ハーフウェイ？

外野手が捕れるかどうかの大きな当たり。どちらか難しい判断になります

ものしり
打球判断とは...
打ったボール（打球）を見て、走るか？走らないか？を決める（判断する）ことです

ポイント
練習中から...
バッティング練習のときに走塁練習をするといいでしょう。インパクトときの打球判断など、独特の感覚を磨きましょう

攻める ⑥ 息をのむ一瞬　走塁のだいご味

左中間への大きな当たり。1塁走者は2塁を回って3塁へ。ボールは外野から中継に入ったショートへ。ランナー、3塁も回った。ショートからいいボールが返ってきた。判定は!!

1 好走塁と暴走は紙一重

セーフ!!

ギリギリのタイミングで走ったり、判断よくスタートを切って、うまく進塁できたときなどに"ランナー、好走塁!"となります。好走塁は、ランナーだけの判断ではなく、ベースコーチャーの的確な判断と指示から生まれることが、しばしばあります。コーチャーは大役です

アウト!!

ランナーの暴走とは、明らかにアウトのタイミングなのに走ったり、フライで飛び出してアウトになったり、点差が開いて負けているのに無理して走ってアウトになること、などです。ただし、アウトになるのをこわがってばかりでは好走塁が生まれません。紙一重です

2 打てなくても点がとれる

フォアボールで1塁に→送りバントで2塁へ→一瞬のスキをついて3塁へ盗塁→そしてスクイズでホームイン。1点！と、たとえヒットが打てなくても走塁やバントがうまくできれば点がとれます。バッティングには好不調の波があるけれど、走塁や小技には波がないともいわれています

3 "カン"が当たる

盗塁をしようとして、リードをとったそのとき、「相手のピッチャーはホームに投げる！」という"カン"がはたらき、まだ投げていないのに走り出して、セーフになったことがあります。走塁には"カン"が役立つ場合もあります

ものしり
迫力あるスライディング

ベースぎわでのスピードが落ちないと「セーフ」になりやすい

ポイント
ひらめき

次はスローボールだ。キャッチャーもあわてて投げにくいだろう。ヨシッ！次の球で走ろう！そんなひらめきを大切に

157

攻める ⑦ チームの勝利に貢献します

ランナーコーチャー

ランナー2塁でセンター前ヒット。ランナーは、ボールの行方が当然見えません。サードコーチャーの腕が回るかどうか…それだけが頼りになります。さぁ、どうする

1 回す・止める

ゴー　　　　　　　　　　　　ストップ

次の塁へ走らせるときは、伸ばした腕をグルグルと大きく回します。止めるときは、両腕を横に大きく開きます。身体はコーチャーボックスから出てもOKです

スコア　　　　　　　　　　　打順

今は何回で、何対何か？どうしても1点が欲しい場面か？

次のバッターは、今日もっとも当たっている5番バッターだからランナーをためよう…

2 どっちが早いか？"捕る"VS"踏む"

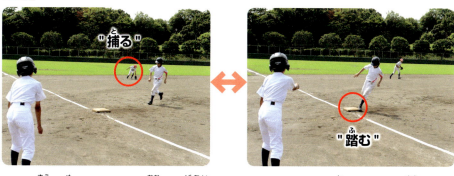

レフト前に抜けたヒット。多くの場合は、レフトがボールを捕るよりも、先にベースを踏んでいたらゴー！（まわせ）。踏んでいなかったらストップ！

3 セカンドランナーへの声かけ

後ろは見えない

リードするセカンドランナーの背中をウロウロするショート。ランナーはピッチャーから目を離せないのでショートは見えません。コーチャーが、ショートやセカンドの動きを、大きな声で伝えましょう

ものしり
声かけの言葉は？
「ノーマーク」「（ショート）開いた」「（セカンド）近い」「（けん制）ないない」などチームによって違います

ポイント
ランナーコーチの心得
ランナーの足の速さやリードの大きさ・相手の守備位置や肩の強さ・アウトカウント・打順やスコア・ベンチの指示・風向き‥などに気を配ろう

| 攻める ⑧ | 小技で相手を揺さぶろう |

バント、セーフティバント

投球をちょこんとバットに当てて転がす"バント"。これができると、ランナーを進めたり（送りバント）、ヒットと同じ（セーフティーバント）で塁に出ることができる。きめよう！

1 送りバント

ストライクを

ボールにはバットを出さず、ストライクだけを狙います

転がす

ボールの上半分をバットの先のほうに当てて転がします

しっかりかまえて

腰を回して上半身をピッチャーにしっかり向けます

確実にランナーを送る

走り出すことを急がずに、転がすことに専念します

2 セーフティバント

サードの前に

ピッチャー方向ではなく、サードのラインぎわを狙います

転がして

バットの先に当てて、ボールの勢いを殺したゴロを転がします

走って走ってセーフ

左足を踏み出し、右足を引いてスタートしやすい体勢でバントします

プッシュバント

わりと簡単なのがプッシュバント。ピッチャーとファーストの間に転がす

ものしり
スリーバント失敗…

ツーストライクからバントして、ファールになると三振になります。これを"スリーバント失敗"といいます

ポイント
右手の動かし方

右打者は、右手1本でバント練習を。右手だけで、転がせるようになるとバントがみるみる上達します。おすすめ！

| 攻める 9 | どうしても1点が欲しい！
スクイズ、セーフティスクイズ

ワンアウト、ランナー1塁・3塁。2対1で1点を追いかける9回表の攻撃。カウント1ストライクからの2球目…ランナー走った、スクイズ！成功！スクイズバントが決まって同点!!

1 スクイズ〜1点をとるために〜

①ランナー3塁

ピッチャーの左足が地面についたと同時にスタートします

③転がして

ボール球でも何でも、とにかく絶対に転がします

②スクイズ

バッターはヒッティングの構えから、さっとバントの構えに

④1点

すでにスタートしているサードランナーはホームイン。1点！

スクイズは、高校野球で多く使われる作戦です。ノーアウトまたはワンアウトでランナーが3塁にいて「どうしても1点が欲しい」という場面でサインが出ることがよくあります

外されても

スクイズを警戒するバッテリーが外してきても飛びついて当てます

2 セーフティスクイズ

①ランナー3塁

ふつうのスクイズとは違い、第2リードだけ大きめにとります

②ストライクを

バッターはストライクだけをバントします

③転がして

ピッチャーが捕れないところ（1塁側など）に転がします

④ランナースタート

バントのボールが転がったのを見てからスタートします

⑤ホームイン

転がった方向が良ければ、だいたいの場合ホームインできます

ボール球は

ストライク以外は見逃します。早めにはっきりとバットを引きます

ものしり
ツーランスクイズ

サードランナーに続いてセカンドランナーもホームイン！これが2ラン（2点）スクイズです。守備側は、じゅうぶんに警戒しましょう

ポイント
とにかく転がす

スクイズのサインが出たならば、とにかく転がします。空振りやフライでは、サードランナーがアウトになってしまいます

攻める ⑩	いろいろな作戦
	ヒットエンドラン、ダブルスチール、バスター

ランナーとバッターが監督さんからのサインを受けて、スタートを切ったりゴロを打ったりするなどの作戦があります。この3種類は、知っておきたい作戦です

1 ヒットエンドラン

ランナー1塁

ランナーは、盗塁のときよりも少しだけ安全に（けん制でアウトにならないように）スタートします

スタート

スタートして走り出したら、インパクトを見て打球方向を確認します。捕られるフライは、戻ります

打つ

バッターは、ゴロを打ちます（2アウト以外）。ボール球でも空振りしないように

ランナーのスタートがすごく良いとき（盗塁成功が確実なとき）は、打たずに見逃しましょう

1・3塁

ランナー1塁から、センター前のヒット1本で、ランナー1・3塁ができあがります。チャンス到来！

2 ダブルスチール

2人のランナーが塁上にいます

1塁ランナーが走りだします

セカンドに送球したのを見て

ホームイン!!

サードランナーがスタートしてホームイン!

3 バスター

バントするふりをして構えます

サードとファーストがバントに備えて前進!

野手の動きを見て、バットを引いてカッキ〜ン

ものしり
サインプレー

攻撃側も守備側もサイン（どこかをさわったり、指で数字を作ったり）を出して、相手にわからないように作戦を行います

ポイント
ゴロを打つ練習を!

ヒットエンドランでもバスターでも、わざとゴロを打ちたい場面があります。ふだんから"一発で決める"と思って練習しよう

ルール

フェア？ ファール？ ルールを知ろう

フェアボールとファールボールの見分け方はむずかしいよ。ルールを知っておこう

フェア 打球が中（フェアゾーン）に入ったらフェアボール

ファール フェアゾーンに入らずに、外に出た打球

フェアゾーンを指さします（3塁線）

両手を上に広げて「ファール！」

塁審もフェアを指さす（声は出さない）

「ファール」の声と共に両手を広げる

ベースの上／3塁線に入っている

ベースの外側を通っている（3塁線）

ラインに重なる／ベースに当たる

打球が身体に当たる（自打球）

第5章 メッセージ

メッセージ 1 君たちの身体は成長中
故障を防ぐ

ある名医が言いました「君はプロ野球選手になりたいのかな？たとえ甲子園に出ていなくてもプロの選手になれるよ。でもね、身体がこわれていたらなれないよ」その通りだね！

1 痛みは身体のサイン

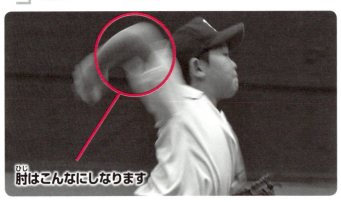

肘はこんなにしなります

ボールを投げるときに、ひじは写真のようにしなります。身体はすごい動きをしてくれているのです。だから、速い球を投げることができます。だけど…

2 痛みのサインが出た時は、投げない

だけど、投げすぎると「もうやめてくれ〜」と身体は『痛みのサイン』を出してきます。このサインが出たら「投球禁止！」

3 野球ひじのチェック方法

両ひじ伸ばして　　　　　　　両ひじ曲げて

 ↔

ピンと伸びるかな？ちゃんと曲がるかな？

　両ひじを伸ばしてみます。両ひじを曲げてみます。両方とも同じだけ伸びるかな？曲がるかな？右ひじだけ痛かったり伸びなかったり曲がらなかったりしたら「故障のサイン　発令中」です

4 痛みが続くときは画像診断を

トレーナーからのアドバイス
～スポーツ障害の予防と対策～

　予防策は、準備・整理運動をしっかり行い筋の柔軟性を高めます。すべての動きを正確に実行することで筋への意識を高め障害を予防できます。投球動作後に、肩やひじの痛みや違和感が続く場合は、スポーツ整形外科で画像診断を受けることをすすめます

堀川　忠雄コーチ　トレーニング指導士、健康運動指導士他
1985年、日本体育大学卒業後、公益財団法人横浜市体育協会に勤務し、施設の運営管理業務の傍ら、中学や高校の野球部などの部活動に対し、スポーツ障害予防のトレーニングを指導している

メッセージ 2 チームでがんばる君へ
野球少年として大切なこと

チームに入っている君は、練習以外にもがんばったほうが良いことがあるよ。それはなぜか？それは、野球が上達するには"人としての成長"が欠かせないからだよ

1 道具の手入れをして大事に使おう

グローブの手入れ　　　よく手入れされたグローブ

寒い冬になって手がカサカサになると、お母さんはクリームを塗っているよね。君たちも、外遊びをして手が泥だらけになったら、きれいになるまで洗うよね。グローブも同じだよ。自分の"こころ"から見ると、手もグローブも同じ"道具"なんだよ。えっ、手が道具？？？ なんか変だけど…。でもね、考えてごらん。ボールを捕ろうとするときは、まずは"こころ"が「捕りたい！」とか、「捕ろう！」と思うよね。その気持ちを受けて、手や足が動くよね。だから"こころ"からすれば、手や足は、グローブやスパイクと同じで、みんな大切な"道具"なんだ。だから、手と同じ立場のグローブという道具に、油をぬるなどの手入れをして大事にするのは、当たり前なんだよ

2 野球ノートを持とう・書こう

持っているかな？野球ノート。野球専用のノートだよ。その日に振った回数を記録したり、試合で活躍できたときの気持ちを書いておいたり、次の試合の目標を書いたり、教わったことを書いたり…野球ノートに書き込む時間が、自分を成長させる時間になる。そして、書いたことを、たまに読みかえしてみよう。今の自分は、前より強くなったかな？

3 「ありがとうございます」「ハイッ！」をはっきり伝えよう

感謝の言葉と返事は、相手に伝わるように大きな声ではっきりと言おう。わからないときや聞こえなかったときは「もう一回お願いします！」

ものしり
軟式でも硬式でもソフトでも
小学生は、学童（軟式）でも、リトル（硬球）でも、ソフトでも、どの種目でもGoodだよ。それぞれに良い面があるからね

ポイント
アドバイスを聞き、自分で選ぶ
大人は、それぞれアドバイスが違うよ。よ〜く聞いて、やってみて、最後は自分で選ぼう

メッセージ 3　野球をずっと楽しむために
子どものときに大切なこと

育ちざかりのみんなに大切だと思うことを伝えます。仲間と遊びながら身体をきたえて、いつまでも野球を楽しみましょう！

1 外で遊ぼう、野球で遊ぼう

バットにグローブをさして

放課後に、近所の広場や公園で野球をやろう！ゴムボールにプラスチックバットだってじゅうぶんに遊べるよ。さぁ、バットにグローブをさして出発だ！

オリジナルのルールで

集まった人数を2で割って、試合をやろう。"バントなし""盗塁なし""ちょこんと打ちなし"など、自分たちでルールを作って、さぁプレーボール！

ハンドベース

休み時間は、ハンドベースで勝負しよう。ゴムボール（ソフトテニスのボールなど）を、素手で打つんだ。道具はいらないから、すぐに始められるよ

2 よく遊んで、よく食べて、よく寝る

力持ちで、身体が大きくて、それでいて素早く動けるお相撲さんは、たくさん稽古（練習）をして、ちゃんこ鍋をいっぱい食べて、ガーっと昼寝して、また稽古して、いっぱい食べて、夜は早めにしっかり寝る。だから強いんだよ

3 昔ながらの遊びをやろう

メンコ、釘刺し、ろくむし、はさみっこ、水切り、コマ回し、ゴム飛び、けんけん相撲、ひまわり、にくだん、うんてい落とし、ぶら下がり、などなど…昔ながらの外遊びには野球がうまくなる秘密がいっぱいだよ。遊び方は調べてもらおう

4 プロ野球や高校野球を見に行こう

野球場に行くと、フライがすごく高く上がることや、ランナーの足が速いことや、バットが「キ〜ン」といい音をたててボールを飛ばすことなどなど、びっくりすることがいっぱいあって楽しいよ

ものしり
プロ野球のスカウトは・・・
小・中学生時代の野球の活躍には注目しません。外でたくさん遊んで、たくましい子になって高校野球で活躍しよう！

ポイント
たくさんおこられて強くなる
小さいときにたくさんおこられていると、大きくなってからおこられてもへっちゃらだよ

メッセージ ④ 高校野球の聖地 甲子園を目指して

兵庫県にある阪神甲子園球場で、春に行われる「選抜高等学校野球大会」と、夏に行われる「全国高校野球選手権大会」に出場することが、高校球児にとっての大きな目標です

1 高校野球のすすめ

私は、高校で野球をやってきて良かったと思っています。甲子園を目指して、厳しい練習に取り組んだ3年間。ともにがんばった大切な仲間との絆。試合に勝てた喜び、勝てなかった悔しさ…。卒業してから長い年月が経ってもその気持ちに変わりはありません

2 全力で取り組む

朝は、授業の前に素振りとティーバッティング練習。昼休みもバッティング練習。授業が終わってから夜遅くまでは、守備や走塁も含めた全体練習。特に高2の秋から高3の夏までの1年間は、とことん練習しました。くたくたになって帰ってからも、家での素振りを続けました。「甲子園に行く」「俺たちならできる」そう思い続けて、全力で取り組みました。

3 負けて悔いなし

高3の夏、神奈川県大会。この大会を最後まで勝ち抜くことを目標にがんばってきたのに、5回戦で負けてしまいました。試合が終わったとき、悔しくてがっかりしてしまうと思っていたのに、意外なことに「あぁ、終わった。でも、やれるだけのことはすべてやった」という、いさぎよい気持ちになりました。「負けて悔いなし」まさにその言葉通りの気持ちでした

4 目標に向かって

「もしかしたら、甲子園に…」人ははっきりとした目標があると、それに向かってがんばれるものだと思います。その目標が、たとえ遠くに見えていても、小さくしか見えていなくても、見えてさえいれば、その方向に向かっていける。当時の自分もそうであったように、まじめにひたむきに野球に取り組んでいる、いまの高校球児たちを見ていると、そんなふうに感じます。

ものしり
春はセンバツ、夏は県大会
春の「選抜大会」は、その前年の秋の大会の成績から出場校が選ばれます。夏の「選手権大会」は、県大会の優勝校が出場します

ポイント
甲子園大会の歌『栄冠は君に輝く』
作詞したのは、試合中のけがによって野球ができなくなった加賀大介さんです

大石滋昭が代表を務めるNPO法人デポルターレクラブでは、
神奈川県横浜市などで、成人・中学生・小学生・園児および
野球チームの指導者や親子を対象とした
野球スクールを開講しています。
詳細はホームページをご覧ください。
「野球　デポルターレクラブ」で検索を

STAFF

写真	海野惶世
カバー・本文イラスト	丸口洋平
本文デザイン	上筋英彌・木寅美香（アップライン株式会社）
カバーデザイン	柿沼みさと

ジュニアレッスンシリーズ
読めばメキメキうまくなる
野球入門

著　者	大石滋昭
発行者	岩野裕一
発行所	株式会社実業之日本社
	〒107-0062　東京都港区南青山5-4-30　emergence aoyama complex 2F
	［編集部］03-6809-0452　　［販売部］03-6809-0495
	実業之日本社ホームページ　https://www.j-n.co.jp/

印刷・製本　大日本印刷株式会社

ⒸShigeaki Ohishi 2017 Printed in Japan
ISBN978-4-408-33725-8（第一スポーツ）

本書の一部あるいは全部を無断で複写・複製（コピー、スキャン、デジタル化等）・転載することは、法律で定められた場合を除き、禁じられています。また、購入者以外の第三者による本書のいかなる電子複製も一切認められておりません。
落丁・乱丁（ページ順序の間違いや抜け落ち）の場合は、ご面倒でも購入された書店名を明記して、小社販売部あてにお送りください。送料小社負担でお取り替えいたします。ただし、古書店等で購入したものについてはお取り替えできません。
定価はカバーに表示してあります。小社のプライバシー・ポリシー（個人情報の取り扱い）は上記ホームページをご覧ください。

2203（02）